高等职业教育汽车类专业创新教材
上海内涵建设项目课题成果

汽车网络与新媒体营销

主　编　田凤霞
副主编　郭　燕

主　审　申荣卫
参　编　徐　剑　刘学明
　　　　尤建超　张璐嘉
　　　　王慧丽　刘明成

机械工业出版社
CHINA MACHINE PRESS

本书是基于实际工作过程进行编写，并结合"课、岗、赛、证"理实一体化的创新教材。全书包括汽车网络营销认知、汽车网络营销实战技能、网站汽车营销、新媒体汽车营销、汽车网络营销综合技能五个学习情境。本书紧跟新时代下新企业、新岗位的新要求，全程融入创新创业教育、课程思政教育，"课、岗、赛、证"融合特色突出，具有以下特点：

1. 结合企业岗位需求规划学习任务，采用情境教学：运用网络工具分析汽车客户购买行为→精进汽车网络营销实战技能→借势汽车营销网站→掌握新媒体营销工具→设计汽车营销网络策划方案。

2. 课岗证赛训，实战性强。对应岗位需求，搭建"课""岗"连通的桥梁，对接汽车营销大赛，对接汽车专业领域"1+X"等级证书考核标准。

本书配备 PPT 教学课件，为降低成本采用电子版习题，选用本书作为教材的教师可在机械工业出版社教育服务网（www.cmpedu.com）注册后免费下载，或添加客服人员微信获取（微信号码：13070116286）。

本书适用于职业院校汽车营销与服务专业教材，也可用于企业培训和相关从业人员自学。

图书在版编目（CIP）数据

汽车网络与新媒体营销 / 田凤霞主编. — 北京：机械工业出版社，2021.5（2024.8重印）
高等职业教育汽车类专业创新教材
ISBN 978-7-111-67815-1

Ⅰ. ①汽… Ⅱ. ①田… Ⅲ. ①汽车–网络营销–高等职业教育–教材 Ⅳ. ①F713.365.2

中国版本图书馆CIP数据核字（2021）第051396号

机械工业出版社（北京市百万庄大街22号 邮政编码100037）
策划编辑：齐福江　　　责任编辑：齐福江
责任校对：梁　倩　　　封面设计：张　静
责任印制：刘　媛
涿州市般润文化传播有限公司印刷
2024年8月第1版第7次印刷
184mm×260mm・13.75印张・337千字
标准书号：ISBN 978-7-111-67815-1
定价：59.90元

电话服务　　　　　　　网络服务
客服电话：010-88361066　机 工 官 网：www.cmpbook.com
　　　　　010-88379833　机 工 官 博：weibo.com/cmp1952
　　　　　010-68326294　金 书 网：www.golden-book.com
封底无防伪标均为盗版　　机工教育服务网：www.cmpedu.com

编写委员会

编委会顾问

陈永革

同济大学汽车学院　教授

上海高校教学名师

中国汽车工程学会　特聘专家

裘文才

中国汽车工程学会应用与服务分会　特聘专家

上海市汽车销售行业协会专家组　专家

清华大学职业经理教育中心汽车行业专家委员会　专家

编委会主任

申荣卫

天津职业技术师范大学汽车职业教育研究所　教授

编委会成员

田凤霞　徐　剑　刘学明　郭　燕

尤建超　刘明成　王慧丽　张璐嘉

前言

党的二十大报告指出：人才是第一资源。

笔者在职教领域深耕27年，有丰富的教育工作经验，2008年开始转型担任汽车营销专业核心课程的教学工作。2016年，一位实习生返校专程找到笔者说："老师，感谢您！您紧跟时代，在汽车营销专业课中融入微信公众号、H5等新媒体新知识技能，正因为我掌握了这项技能，使得我在实习单位中不仅受到同事欢迎，还得到领导重用。"这件事引起笔者深刻反思：教汽车营销课程的目的是什么？教材很多，但内容过于陈旧跟不上时代发展的需求，要怎么教才能满足新时代背景下企业对汽车营销人才的需求？是否可以有一本"从无到有"的汽车网络与新媒体营销的教材，有一个万能的模板指引学生的实际工作？

基于此，笔者联络了研究所、企业和国内一线教师联合编写该部教材。本书由上海市大众工业学校组织编写，天津闻达天下科技有限公司进行技术支持，编写人员来自企业专家和国内多所中高职学校一线骨干教师，充分发挥各自的理念、技术和专业优势，开启了一次创新编写之旅。

本书具有以下特点：

1. 实现课程思政融入

本书重视课程思政教育，精选案例大多以国产自主品牌为主，融入爱国敬业、遵纪守法等内容，培养具有崇高理想、职业道德和创新精神的学生，培育其服务于民族复兴的内生动力。

2. 以实用为核心，以实战为基础

紧跟汽车营销最新发展趋势，以"工作情境"导入，引入新媒体图文设计、新媒体视频及音频处理、软文写作、H5制作、网站与网店设计制作等汽车网络营销实战技能，强化学生提高网络营销及新媒体运营能力，凸显理实一体、工学结合。

3. "课、岗、赛、证"无缝对接

校企合作，对应岗位需求，搭建"课""岗"连通的桥梁；对接汽车营销大赛，实现以赛促教，以赛促学；对接汽车专业领域"1+X"等级证书汽车营销评估与金融保险服务技术考核标准，实现教学做一体化。

4. 建立创新创业意识

本教材每个单元都有"情境导入"模块,它在突出岗位工作任务的同时,还旨在给学生建立创新创业意识,通过完成单元工作任务,实现"学创一体"的教学模式,培养学生正确的商业观、价值观、创新思维和创业意识。

5. 体现前瞻性和开放性

在教材编写过程中,兼顾汽车网络营销专业的新知识、新理念、新技术、新工具、新模式,创新教学内容,采用任务实践的编写体系,满足开放性教学的需求及不同层次学生的学习需要。

本书由上海市大众工业学校田凤霞担任主编,郭燕担任副主编,参编人员有上海市嘉定区职业技术学校徐剑,天津职业技术师范大学尤建超、刘明成,邢台职业技术学院刘学明,深圳市宝安职业技术学校王慧丽,上海市曹杨职业技术学校张璐嘉,全书由天津职业技术师范大学汽车职业教育研究所申荣卫教授主审。

特别感谢在本书编写过程中给予指导的上海市市教委教研室谭移民教研员、山东交通职业学院王旭荣教授、北京博乐汇智汽车技术研究院段钟礼教授、上海市交通学校左适够教授、宁波镇海职教中心冯潇老师。

在本书编写过程中,参考和借鉴了有关专著、教材、论文等资料,在此向各位作者表示由衷的感谢。另外,感谢上海汽车乘用车公司等企业提供的真实案例和资料。

由于编者水平有限,书中疏漏和不足之处在所难免,恳请同行和读者批评指正。

编者联系方式:215292064@qq.com。

编者

目 录

前言

学习情境一

汽车网络营销认知

学习单元一　汽车营销理念演变及营销模式分析 ...002
学习单元二　汽车营销网络环境分析 ...010
学习单元三　汽车市场调研分析及营销预测 ...019
学习单元四　汽车消费者购车行为分析 ...031

学习情境二

汽车网络营销实战技能

学习单元一　新媒体图文设计 ...042
学习单元二　新媒体视频及音频处理 ...055
学习单元三　软文写作 ...069
学习单元四　H5 制作 ...083
学习单元五　网站与网店的设计制作 ...095

学习情境三

网站汽车营销

学习单元一	汽车官方网站营销	...112
学习单元二	门户网站营销	...119
学习单元三	汽车垂直网站营销	...126
学习单元四	汽车直销网站营销	...134

学习情境四

新媒体汽车营销

学习单元一	搜索引擎营销	...140
学习单元二	问答平台营销	...150
学习单元三	论坛平台营销	...158
学习单元四	微信平台营销	...166
学习单元五	视频平台营销	...178

学习情境五

汽车网络营销综合技能

| 学习单元一 | 汽车网络营销战略分析 | ...192 |
| 学习单元二 | 汽车网络营销策划方案设计 | ...200 |

参考文献

学习情境一
汽车网络营销认知

学习目标

- 能正确分析汽车营销理念演变的历程
- 能正确分析不同营销模式的优缺点
- 能进行网络营销宏观和微观环境分析
- 能构建汽车消费者用户画像并对消费者购车行为进行分析
- 能进行汽车市场调研分析并进行营销预测

学习单元一
汽车营销理念演变及营销模式分析

情境导入

假如你是某4S店的金牌销售顾问，店里要对新员工进行入职培训，你会对新员工进行汽车营销理念和营销模式培训吗？

学习目标

1. 能解释网络营销的概念和特点。
2. 能解释网络营销和传统营销的区别。
3. 能解释汽车网络营销的概念和特点。
4. 能分析不同营销理念的特点并能举例说明。
5. 能分析目前常见的几种营销模式及其特点。

理论知识

一、网络营销

网络营销，也可以称为网上营销或互联网营销、在线营销等，是利用互联网和移动互联网平台，以线上营销为导向，以各种网络工具为手段，由营销人员利用专业的网络营销工具，向目标客户开展一系列营销活动，达到一定营销目的的新型营销方式。

与传统营销模式相比，网络营销具有覆盖范围广、交互性强、信息多元化等特点。传统营销模式的传播依托于传统媒体的单向传播形式，在市场信息的来源上主要依赖于市场调研，信息常常缺乏客观性并且成本较高。网络营销模式下，一方面，互联网的高覆盖面为企业营销提供了庞大的受众群体，消费者开始越来越多地表达自身对于产品的体验交流，并积极参与到产品设计中，实现个性化定制，品牌的附加价值开始不断提高；另一方面，依托于大数据挖掘技术，企业获得市场信息的渠道向低成本高效率发展，信息来源更加全面准确。

二、汽车网络营销

汽车网络营销是以互联网技术为基础，利用数字化信息手段和网络媒体技术交互性来辅助营销目标实现的一种新型汽车营销方式。近些年，随着信息化技术、互联网技术的快速发展，汽车网络营销进入到快速发展时期，消费者获取信息的通道更加多样化，消费者也可以通过网络了解汽车产品知识和品牌知识，比如了解汽车行情、选择车型和商家等。网络营销架起了企业和客户之间的桥梁，成为企业和客户之间交流的一种工具，而且企业可以为客户提供个性化的服务。这种新型的营销模式，也将是汽车营销发展的必然趋势。随着我国网络技术的发展，汽车行业需要紧跟互联网技术的发展，创建完善的网络化营销模式。

最近几年，随着网络和手机移动网络的快速发展，出现了越来越多的新媒体营销模式，比如微博营销、微信营销、视频营销等。自媒体的出现也加速了营销主体从单位向个人的逐步转变，全民营销的模式正在形成。汽车作为大众日常生活中不可或缺的消费产品，也频繁出现在网络及新媒体等各类平台上。

三、营销理念

随着时间的演进，营销的理念也在逐渐发生变化，市场营销经历了从生产理念、产品理念、推销理念，到顾客理念、品牌理念，再到网络营销理念、社交与个人价值观理念的演变过程。

1. 生产理念

生产理念是指导销售者行为的最古老的观念之一，它产生于20世纪20年代前。企业经营哲学不是从消费者需求出发，而是从企业生产出发。其主要表现是"我生产什么，顾客就买什么"。生产理念认为，消费者喜欢那些可以随处买得到而且价格低廉的产品，企业应致力于提高生产效率和分销效率，扩大生产，降低成本以拓展市场。例如，美国汽车大王亨利·福特（图1-1-1）曾傲慢地宣称："不管顾客需要什么颜色的汽车，我只有一种黑色的T型车（图1-1-2）。"显然，生产理念是一种重生产、轻市场营销的商业哲学。

图1-1-1 亨利·福特

图1-1-2 T型车

2. 产品理念

所谓产品理念，是指以产品为中心的营销观念，它产生于 20 世纪 50 年代，是一种"以产定销"的观念，表现为重产品生产轻产品销售、重产品质量轻顾客需求。例如，劳斯莱斯汽车（图 1-1-3）的创始人亨利·莱斯就曾说过："车的价格会被人忘记，而车的质量却长久存在。"劳斯莱斯刻意追求世界第一流高级轿车，小到一颗螺钉都要精雕细刻。每一辆劳斯莱斯都堪称一件艺术品。但是过度重视产品理念会导致"市场营销近视"，过于重视产品本身，而忽视市场的真正需要，不利于企业发展。

图 1-1-3　劳斯莱斯汽车

3. 推销理念

推销理念是生产理念的发展和延伸。20 世纪 20 年代末开始的资本主义世界大危机，使大批产品供过于求，销售困难，竞争加剧，人们担心的也不再是生产问题，而是销路问题。于是，推销技术受到企业的特别重视，企业界已开始认识到：很多情况下，消费者不会自动来购买商品，须推销员去说服、感化和刺激，企业只注重生产还不行，应将企业的人力、物力和财力转移一部分出来用于推销。乔·吉拉德（图 1-1-4）就是美国历史上最伟大的推销员，从 1963 年至 1978 年总共推销出 13001 辆雪佛兰汽车，连续 12 年荣登吉尼斯世界纪录大全世界汽车销售第一的宝座，他所保持的世界汽车销售纪录至今无人能破。

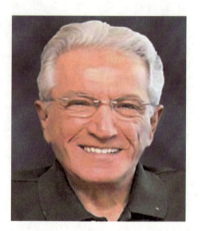

图 1-1-4　乔·吉拉德

4. 顾客理念

顾客理念是现代企业营销的核心思想。它产生于 20 世纪 70 年代，要求企业的市场营销活动以消费者为中心，树立"顾客要什么就生产什么"的理念，把消费者的需要作为企业营销的出发点和归宿点，千方百计为满足消费者需要服务，并把消费者是否满意以及满意的程度作为衡量企业营销工作的标准。同时，由于消费者的需要是不断变化的，企业必须经常研究市场的新动向，及时掌握市场变化的趋势与程度，以保证消费者的需求经常得到满足，使企业在市场营销中立于不败之地。例如，丰田汽车的精细化管理的基本思想是"只在需要的时候，按需要的量，生产所需的产品"。作为企业的营销管理模式，这种理念能够大幅度减少限制时间、作业切换时间、库存、低劣品质、不合格的供应商、产品开发设计周期以及不合格的绩效。

5. 品牌理念

20 世纪 90 年代产生了品牌理念，它是通过市场营销使客户形成对企业品牌和产品的认知，企业要想不断获得和保持竞争优势，必须构建高品位的品牌营销理念。它的关键点在于为品牌找到一个具有差异化个性、能够深刻感染消费者内心的品牌核心价值。它让消费者明确、清晰地识别并记住品牌的利益点与个性，是驱动消费者认同、喜欢乃至爱上一个品牌的主要力量。

例如，开宝马坐奔驰主要就是针对它们的卖点来阐述的，宝马主打运动性能，而奔驰主要是商务舒适和安全性，所以喜欢驾驶体验的要开宝马，喜欢舒适安全的要坐奔驰。

6. 网络营销理念

所谓网络营销理念，就是指借助于互联网络、计算机通信技术和数字交互式媒体来实现营销目标的一种营销方式。它尽可能地利用先进的计算机网络技术，以最有效、最省钱的方式谋求新的市场的开拓和新的消费者的挖掘。

例如，随着特斯拉在上海的"超级工厂"正式运营，国产版特斯拉已经开始售卖，国产车型与进口车型几乎一致，而价格却低了很多，这一点让国内的消费者得到了真正的"实惠"。但特斯拉的销售模式却打破了"常规套路"，只能在网上购车，并不设立4S店，只有线下的体验店，在体验店试驾后可直接在特斯拉的官网下单。特斯拉的这套销售模式的应用，颠覆了传统的模式，确实可以避免销售的复杂流程，让消费者体验到了新颖的"网上直销买车"。

7. 社交与个人价值观理念

科特勒早已提出，营销4.0的变革时代已经到来，他认为，"西方国家以及东亚部分国家已经进入了丰饶社会。在丰饶社会的情况下，马斯洛需求中的生理、安全、归属、尊重这四层需求相对容易被满足，于是自我实现对于客户变成了一个很大的诉求，营销4.0正是要解决这一问题。"市场营销理念正在不断演化，最初企业营销都建立在产品之上，这些企业要对产品进行营销，以销售为目的。但在营销4.0时代，主要是"以价值观为驱动，以互动、大数据、社群为基础"的营销理念。

例如，相比过去对车的需求止步于"代步工具"，新生代正在渴求个性化的价值观表达，年轻人的消费观念、个性态度和"老一辈"截然不同，个性化、品质化、高价值的汽车产品更加受到他们的青睐。东风本田INSPIRE（图1-1-5）正是为此而生的，INSPIRE直指崇尚年轻、标新立异、不愿盲从的时尚人士。

图1-1-5　东风本田INSPIRE

四、营销模式

营销模式是指企业在未来时期，面对不断变化的市场环境，依据自身的资源和能力，通过满足市场需要而实现其营销活动目标的营运战略。

目前，比较常见的营销模式有：

1. 体验式营销

体验式营销是社会文明发展到较高程度的一种体现。很多企业进行产品的推广时，会营销氛围、场景或者提供真实的产品让消费者亲身感受，从感性和理性双层面上打动消费者，设计迎合其喜好的产品、服务、场景、氛围和营销活动。

体验式营销不仅需要有扎实的产品质量、完善周到的服务,同时场景的营造和氛围的把控也需要得当,不仅要让消费者舒适,还需要体现出品牌的内涵与特色。企业有信心和能力开展体验式营销,也是因为出于对品牌、产品质量、服务水平等方面的自信和更高追求。所以,我们经常可以看到很多大品牌对于体验式营销这一模式运用得更为频繁和得心应手。

2. 品牌营销

品牌对于一个企业是非常重要的,品牌营销更是每个企业都需要重视的一项。在品牌营销中,基本上企业的营销目的都集中于扩大品牌知名度和传播度、提升品牌美誉度和影响力、提高品牌效应和价值。

要树立起品牌并做好品牌营销,有三大要点:首先建立品牌,并拥有较强的产品品质作为支持;其次是分析市场,找到品牌的市场优势和差异化特点;最后是选择合适的传播渠道和方式,设计有效的推广形式。最高级的营销不是建立庞大的营销网络,而是利用品牌符号,把无形的营销网络铺建到社会公众心里,把产品输送到消费者心里,使消费者选择消费时认这个产品,投资商选择合作时认这个企业,这就是品牌营销。

3. 微信营销

微信营销是网络经济时代企业或个人营销模式的一种,是伴随着微信的火热而兴起的一种网络营销方式。微信不存在距离的限制,用户注册微信后,可与周围同样注册的"朋友"形成一种联系,用户订阅自己所需的信息,商家通过提供用户需要的信息,推广自己的产品,从而实现点对点的营销。

微信拥有庞大的用户群,借助移动终端、天然的社交和位置定位等优势,每个信息都是可以推送的,能够让每个个体都有机会接收到这个信息,继而帮助商家实现点对点精准化营销。利用微信进行营销,主要是围绕微信庞大的用户量及其各种功能,包括朋友圈、微信群、摇一摇、附近的人、扫一扫、微信红包、硬广告投放及微信公众平台(图1-1-6)。

服务号	订阅号	企业号
给企业和组织提供更强大的业务服务与用户管理能力,帮助企业快速实现全新的公众号服务平台	为媒体和个人提供一种新的信息传播方式,构建与读者之间更好的沟通与管理模式	为企业或组织提供移动应用入口,帮助企业建立与员工、上下游供应链及企业应用间的连接

图1-1-6 微信公众平台

4. 视频营销

视频营销是基于视频网站为核心的网络平台，以内容为核心，创意为导向，利用精细策划的视频内容实现产品营销与品牌传播的目的，是视频和互联网相结合的产物。它具备二者的优点：既具有电视短片的优点，如感染力强、内容形式多样、创意新颖等，又有互联网营销的优势，如互动性、主动传播性、传播速度快、成本低廉等。

视频包含电视广告、网络视频、宣传片、微电影等各种形式，视频营销归根到底是营销活动，因此成功的视频营销不仅要有高水准的视频制作，更要发掘营销内容的亮点。视频营销最重要的是创意、制作、传播三大部分，其中创意是视频营销成功的基石。

例如，东风日产就曾推出了由陈可辛执导、黄晓明主演的《宽·容世界》微电影（图1-1-7），在社会范围内引起广泛关注，影片中所传递的"宽·容世界，人生从此大不同"更是成为网络热词。

图 1-1-7 《宽·容世界》微电影

典型案例

中国汽车营销理念的演变

1. 生产理念

从建国初期到 1978 年改革开放之前，我国汽车生产处于计划经济时期。在此阶段，以一汽和二汽生产的解放牌汽车和东风牌汽车为代表，大量服务于国家运输领域的各个行业。国家相关部门对车辆的采购选择余地也较少，基本上汽车厂生产什么车型就采购什么车型。

2. 产品理念

1978 年我国开始进行全方位改革开放并逐步进入市场经济时代。当时，以桑塔纳、捷达、富康（俗称老三样）为代表，在质量、价格、安全性、经济性等方面各有优势，形成了公众比较认可的三大产品。

3. 推销理念

1999年3月26日，中国第一家广汽本田汽车特约销售服务店开业，这就是后来被称为国内第一家汽车4S店的汽车销售服务店。4S店一面世，就给当时的汽车销售市场带来了强烈震动。这一新鲜事物让人耳目一新，它能满足客户的各种需求，通过汽车4S店的服务，可以让客户对品牌产生信赖感和忠诚度，从而扩大汽车的销量。基于4S店模式，开始出现了各种各样的汽车营销和推销活动，店内也出现了专业的汽车销售顾问岗位，汽车营销理念演变为推销理念。

4. 顾客理念

中国吉利作为一家民营企业，从顾客购买力的角度考虑，秉承"造老百姓买得起的好车，让吉利汽车走遍全世界"这一造车理念，搅活了当年中国汽车业闭门造车的一潭死水，以三五万元的价格向高关税壁垒保护下的轿车天价发起了冲击。经过20年的奋发图强，取得完全的自主知识产权，如今，吉利已经成为我国自主汽车品牌的巨人。

5. 品牌理念

自从进入汽车行业的那天，吉利汽车就打出"造老百姓买得起的汽车"的口号，凭借物美价廉的低价战略，迅速打开了市场局面，但也因此形成低价、低端的品牌形象，成为制约吉利后来发展的桎梏。为了摆脱桎梏，从2007年起，吉利提出战略转型，提出了"造老百姓买得起的好车"的发展目标。经过多年的发展，吉利汽车从原来的旧三样"豪情、美日、优利欧"，到现在的"帝豪、全球鹰、上海英伦"三大子品牌，已经成功从"造老百姓买得起的车"转型到"造最安全、最环保、最节能"的好车。

车市早有传言，国产皮卡只有两种，一种是长城皮卡，一种是其他皮卡。长城汽车经过多年的坚持和积累，凭借在皮卡领域的领军地位，在国内外形成了皮卡的知名品牌形象和地位。

6. 网络营销理念

近年来，随着信息科技的发展，尤其是网络的普及，大大拓宽了人们获取信息的渠道，而网络几乎成为我国消费者了解汽车产品和品牌的主要渠道。目前各大汽车企业和经销商网络营销意识日益增强，通过网络和新媒体平台开展了丰富多彩的营销活动。网络营销能充分发挥企业与客户的互相交流优势，可以为客户提供个性化的服务，是一种新型的、互动的、更加人性化的营销模式。

7. 社交与个人价值观理念

随着我国经济的快速发展和人民生活水平的不断提高，汽车已经不再是单纯的代步工具。通过购买自己喜欢的车型、彰显自己的价值取向和社会责任感已经成为越来越多成功人士的重要选择。对于新生代的白领而言，他们除了在职场发光发热之外，也在生活的方方面面表达自我和个性，车对他们而言就是生活品质和个人气质的体现。例如年轻成功的白领购买特斯拉，在引领时尚的同时，也表达了自己对环境保护的重视。

实践操作

汽车品牌企业营销模式调研

1. 实践目的

通过网络查询相关资料，了解自己感兴趣的汽车品牌企业都采用了哪些网络及新媒体营销模式。

2. 实践操作步骤

1）组建团队，建议 4~6 人一组，选出小组长，确定本组调研的汽车品牌企业。

2）各小组通过网络及手机移动网络查询相关资料，了解自己感兴趣的汽车品牌企业都采用了哪些网络及新媒体营销模式。

3）小组汇报，老师及全班同学点评并打分。

单元小结

1. 网络营销的概念：利用互联网平台，以线上营销为导向，各种网络工具为手段，由营销人员向目标客户开展一系列营销活动。

2. 网络营销的特点：覆盖范围广、交互性强、信息多元化。

3. 汽车网络营销的概念：以互联网技术为基础，利用数字化信息手段和网络媒体信息交互性来辅助营销目标实现的一种新型汽车营销方式。

4. 营销观念的发展：经历了从生产理念、产品理念、推销理念，到顾客理念、品牌理念，再到网络营销理念、社交与个人价值观理念的演变过程。

5. 常见的营销模式：体验式营销、品牌营销、大数据营销、微信营销、视频营销。

学习单元二
汽车营销网络环境分析

情境导入

假如你是某 4S 店的金牌销售顾问，店里要对新员工进行入职培训，你会如何对新员工进行汽车网络营销环境分析的相关培训？

学习目标

1. 能说出网络营销环境的概念及对我国经济发展的推动作用。
2. 能分析构成网络营销环境的五要素。
3. 能进行网络营销宏观环境分析。
4. 能进行网络营销微观环境分析。
5. 能使用 SWOT 方法进行汽车营销网络环境分析。

理论知识

一、网络营销环境

网络营销环境是指对企业的生存和发展产生影响的各种外部条件，即与企业网络营销活动有关联因素的部分集合。营销环境是一个综合的概念，由多方面的因素组成。环境的变化是绝对的、永恒的。随着社会的发展，特别是网络技术在营销中的运用，使得环境更加变化多端。虽然对营销主体而言，环境及环境因素是不可控的，但它也有一定的规律性，可通过营销环境的分析对其发展趋势和变化进行预测和事先判断。企业的营销观念、消费者需求和购买行为，都是在一定的经济社会环境中形成并发生变化的。因此，对网络营销环境进行分析是十分必要的。要进行网络营销环境的分析，首先必须掌握构成网络营销环境的五要素。

1. 提供资源

信息是市场营销过程的关键资源，是互联网的血液，通过互联网可以为企业提供各种信息，指导企业的网络营销活动。

2. 全面影响力

环境要与体系内的所有参与者发生作用，而非个体之间的相互作用。每一个上网者都是互联网的一分子，可以无限制地接触互联网的全部，同时在这一过程中受到互联网的影响。

3. 动态变化

整体环境在不断变化中发挥其作用和影响，不断更新和变化正是互联网的优势所在。

4. 多因素互相作用

整体环境是由互相联系的多种因素有机组合而成的，涉及企业活动的各因素在互联网上通过网址来实现。

5. 反应机制

环境可以对其主体产生影响，同时，主体的行为也会改造环境。企业可以将自己企业的信息通过公司网站存储在互联网上，也可以通过互联网上的信息帮助决策。

因此，互联网已经不再是传统意义上的电子商务工具，而是独立成为新的市场营销环境，它以其范围广、可视性强、公平性好、交互性强、能动性强、灵敏度高、易运作等优势给企业市场营销创造了新的发展机遇与挑战。

根据营销环境对企业网络营销活动影响的直接程度，网络营销环境可以分为网络营销宏观环境与网络营销微观环境两部分。

二、宏观环境

宏观环境是指一个国家或地区的政治、法律、人口、经济、社会文化、科学技术等因素影响企业进行网络营销活动的宏观条件。宏观环境对企业短期的利益可能影响不大，但对企业长期的发展具有很大的影响。所以，企业一定要重视宏观环境的分析研究。

宏观环境主要包括以下六个方面的内容：

1. 政治法律环境

政治法律环境是指能够影响企业市场营销的相关政策、法律及制定它们的权力组织，包括国家政治体制、政治的稳定性、国际关系、法制体系等。在国家和国际政治法律体系中，相当一部分内容直接或间接地影响着经济和市场。市场经济并不是完全自由竞争的市场，从一定意义上说，市场经济本质上属于法律经济，因而在企业的宏观管理上主要靠经济手段和法律手段。政治法律环境正在越来越多地影响着企业的市场营销。

2. 经济环境

经济环境是内部分类最多、具体因素最多，并对市场具有广泛和直接影响的环境。经济环境不仅包括经济体制、经济增长、经济周期与发展阶段以及经济政策体系等大的方面的内容,同时也包括收入水平、市场价格、利率、汇率、税收等经济参数和政府调节取向等内容。

从经济学的角度来看,居民收入、生活费用、利率、储蓄和借贷形式都是经济发展中的主要变量,直接影响着市场运行的具体情况。因此,注意研究消费者支出模式的变动走势,对于企业市场营销活动来说,具有重大意义,不仅有助于企业在未来时期内避免经营上的被动,而且还便于企业制定适当的发展战略。

3. 人文与社会环境

企业存在于一定的社会环境中,同时企业又是社会成员所组成的一个小的社会团体,不可避免地受到社会环境的影响和制约。人文与社会环境的内容很丰富,在不同的国家、地区、民族之间差别非常明显。在营销竞争手段向非价值、使用价值型转变的今天,企业营销必须重视人文与社会环境的研究。

4. 科技与教育水平

科学技术对经济社会发展的作用日益显著,科技的基础是教育,因此,科技与教育是客观环境的基本组成部分。在当今世界,企业环境的变化与科学技术的发展有非常大的关系,特别是在网络营销时期,两者之间的联系更为密切。在信息等高新技术产业中,教育水平的差异是影响需求和用户规模的重要因素,已被提到企业营销分析的议事日程上来。

科技对汽车企业市场营销的影响(图1-2-1)有以下几个方面:① 科技进步促进国家综合实力的增强,国民购买能力的提高给企业带来更多的营销机会。② 科学技术在汽车生产中的应用,改善了产品的性能,降低了产品的成本,使得汽车产品的市场竞争能力提高。③ 科技进步促进了汽车企业市场营销手段的现代化,引发了市场营销手段和营销方式的变革,极大地提高了汽车企业的市场营销能力。

图1-2-1 科技对汽车企业市场营销的影响

5. 自然环境

自然环境是指一个国家或地区的客观环境因素,主要包括自然资源、气候、地形地质、地理位置等。虽然随着科技进步和社会生产力的提高,自然状况对经济和市场的影响整体上是趋于下降的趋势,但自然环境制约经济和市场的内容、形式则在不断变化。自然环境对汽车企业市场营销的影响表现在:① 自然资源的减少将对汽车企业的市场营销活动构成一个长期的约束条件。由于汽车生产和使用需要消耗大量的自然资源,汽车工业越发达,汽车生产消耗的自然资源也就越多，而自然资源总的变化趋势是日益短缺的。② 生态环境的恶化对汽车的性能提出了更高的要求。环境保护将日趋严格，汽车的大量使用会明显地产生环境污染，因而环境保护对汽车的性能要求将日趋严格，这对企业的产品开发等市场活动将产生重要影响。

6. 人口

人口环境是指一个国家和地区的人口数量、人口质量、家庭结构、人口年龄分布及地域分布等因素的现状及其变化趋势。

人是企业营销活动的直接和最终对象，市场是由消费者构成的，所以在其他条件固定或相同的情况下，人口的规模决定着市场容量和潜力，人口结构影响着消费结构和产品构成，人口组成的家庭、家庭类型及其变化，对消费品市场有明显的影响。

对国内汽车市场而言，随着我国经济社会的持续发展，消费者购车刚性需求旺盛，汽车保有量继续呈快速增长趋势。汽车市场营销人员在进行家用轿车市场的人口环境分析时，必须注意到我国人口众多，生活水平日益提高，人们对出行的需要迅速增加的事实，同时也应着重分析高收入阶层的人口数量、职业特点、地理分布等因素的现状及其发展变化，进一步加强对我国人口环境因素具体特点的研究，充分做好各项营销准备，以抓住不断增加的市场机会。

三、微观环境

微观环境是指与企业网络营销活动联系较为密切、作用比较直接的各种因素的总称，它由企业及其周围的活动者组成，直接影响着企业为顾客服务的能力。不同行业企业的微观营销环境是不同的，因此，微观营销环境又称行业环境因素。

微观环境主要包括以下五个方面的内容：

1. 企业内部环境

企业内部环境指企业的类型、组织模式、组织机构及企业文化等因素。一般而言，企业内部基本的组织机构包括企业最高管理层、财务、研究与开发、采购、生产、销售等部门。这些部门与市场营销部门密切配合、协调，构成了企业市场营销的完整过程。市场营销部门根据企业最高决策层规定的任务、目标、战略和政策，做出各项营销决策，并在得到上级领导的批准后执行。研究与开发、采购、生产、销售、财务等部门相互联系，为生产提供充足的原材料和能源供应，并建立考核和激励机制，协调营销部门与其他各部门的关系，以保证企业营销活动的顺利开展。

企业内部环境是企业提高市场营销工作效率和效果的基础。因此，企业管理者应强化企业管理，为市场营销活动创造良好的内部环境。

2. 供应者

供应者是指向企业及其竞争者提供生产经营所需原料、部件、能源、资金等生产资源的公司或个人。企业与供应者之间既有合作又有竞争，这种关系既受宏观环境影响，又制约着企业的营销活动，企业一定要注意与供应者搞好关系。

我国很多汽车企业对其生产供应者采取"货比三家"的政策，既与生产供应者保持大体稳定的配套协作关系，又让生产供应者之间形成适度的竞争，从而使本企业的汽车产品达到质量和成本的相对平衡。

3. 营销中介

营销中介是协调企业促销和分销其产品给最终购买者的公司，主要包括中间商，即销售商品的企业，如批发商和零售商；代理中间商（经纪人）、服务商，如运输公司、仓库、金融机构等；市场营销机构，如产品代理商、市场营销咨询企业等。

由于网络技术的运用，给传统的经济体系带来巨大的冲击，流通领域的经济行为产生了分化和重构。消费者可以通过网上购物和在线销售自由地选购自己需要的商品，生产者、批发商、零售商和网上销售商都可以建立自己的网站并营销商品，所以一部分商品不再按原来的产业和行业分工进行，也不再遵循传统的商品购进、储存、运销等业务流程运转。网上销售，一方面使企业间、行业间的分工模糊化，形成"产销合一""批零合一"的销售模式；另一方面，随着"凭订单采购""零库存运营""直接委托送货"等新业务方式的出现，服务与网络销售的各种中介机构也应运而生。一般情况下，除了拥有完整分销体系的少数大公司外，营销企业与营销中介组织还是有密切合作与联系的。因为若中介服务能力强，业务分布广泛合理，营销企业对微观环境的适用性和利用能力就强。

营销中介对企业市场营销活动的影响很大，比如会关系到企业的市场范围、营销效率、经营风险、资金融通等。因而企业应重视营销中介的作用，通过与之开展良好的合作，获得他们的帮助，弥补企业市场营销能力的不足，不断改善企业财务状况。

4. 顾客或用户

顾客或用户是企业产品销售的市场，是企业直接或最终的营销对象。网络技术的发展极大地消除了企业与顾客之间的地理位置的限制，创造了一个让双方更容易接近和交流信息的机制。互联网络真正实现了经济全球化、市场一体化。它不仅给企业提供了广阔的市场营销空间，同时也增强了消费者选择商品的广泛性和可比性。顾客可以通过网络，得到更多的需求信息，使他的购买行为更加理性化。虽然在营销活动中，企业不能控制顾客与用户的购买行为，但它可以通过有效的营销活动，给顾客留下良好的印象，处理好与顾客和用户的关系，促进产品的销售。

顾客是企业产品销售的市场，是企业赖以生存和发展的"衣食父母"。企业市场营销活动的起点和终点都是满足顾客的需要，汽车企业必须充分研究各种汽车用户的需要及其变化，才能更好地提供产品和服务。

5. 竞争者

竞争是商品经济活动的必然规律。在开展网上营销的过程中，不可避免地要遇到业务与自己相同或相近的竞争对手，研究对手，取长补短，是克敌制胜的好方法。

从竞争的角度考虑，应重点考察以下几个方面：

1）站在顾客的角度浏览竞争对手网站的所有信息，研究其能否抓住顾客的心理，给浏览者留下好感。

2）研究其网站的设计方式，体会它如何运用屏幕的有限空间展示企业的形象和业务信息。

3）查看在其站点上是否有其他企业的图形广告，以此来判断该企业在行业中与其他企业的合作关系。

4）弄清其开展业务的地理区域，以便能从客户清单中判断其实力和业务的好坏。

5）对竞争对手的整体实力进行考察，全面考察对手在导航网站、新闻组中宣传网址的力度，研究其选择的类别、使用的介绍文字，特别是图标广告的投放量等。

6）考察竞争对手是开展网上营销需要做的工作之一，而定期监测对手的动态变化则是一个长期性的任务，要时时把握竞争对手的新动向，在竞争中保持主动地位。

四、SWOT 分析法则

SWOT（图 1-2-2）分析方法是一种企业内部分析方法，即根据企业自身的既定内在条件进行分析，找出企业的优势、劣势及核心竞争力之所在。其中，S 代表 Strength(优势)，W 代表 Weakness(弱势)，O 代表 Opportunity(机会)，T 代表 Threat(威胁)。其中，S、W 是内部因素，O、T 是外部因素。按照企业竞争战略的完整概念，战略应是一个企业"能够做的"（即组织的强项和弱项）和"可能做的"（即环境的机会和威胁）之间的有机组合。

图 1-2-2 SWOT

运用这种方法，可以对研究对象所处的情景进行全面、系统、准确的研究，从而根据研究结果制定相应的发展战略、计划以及对策等。

SWOT 分析法常常被用于制定集团发展战略和分析竞争对手情况，分析直观、使用简单是它的重要优点。在战略分析中，它是最常用的方法之一。进行 SWOT 分析时，主要有以下三个步骤：

1. 分析环境因素

运用各种调查研究方法,分析公司所处的各种环境因素,即外部环境因素和内部环境因素。外部环境因素包括机会因素和威胁因素，它们是外部环境对公司的发展有直接影响的有利和不利因素，属于客观因素，内部环境因素包括优势因素和弱势因素，它们是公司在其发展中自身存在的积极和消极因素,属主动因素。在调查分析这些因素时,不仅要考虑到历史与现状，而且更要考虑到未来发展的问题。

2. 构造 SWOT 矩阵

将调查得出的各种因素根据轻重缓急或影响程度等排序方式，构造 SWOT 矩阵。在此过程中，将那些对公司发展有直接的、重要的、大量的、迫切的、久远的影响因素优先排列出来，而将那些间接的、次要的、少许的、不急的、短暂的影响因素排列在后面。

3. 制定行动计划

在完成环境因素分析和SWOT矩阵的构造后，便可以制定出相应的行动计划。制定计划的基本思路是：发挥优势因素，克服弱势因素，利用机会因素，化解威胁因素；考虑过去，立足当前，着眼未来。运用系统分析的综合分析方法，将排列与考虑的各种环境因素相互匹配起来加以组合，得出一系列公司未来发展的可选择对策。SWOT分析在最理想的状态下，是由专属的团队来达成的，一个SWOT分析团队，最好由一位会计相关人员、一位销售人员、一位经理级主管、一位工程师和一位专案管理师组成。

由于企业的整体性和竞争优势来源的广泛性，在做优劣势分析时，必须从整个价值链的每个环节上，将企业与竞争对手进行详细的对比，如产品是否新颖、制造工艺是否复杂、销售渠道是否畅通、价格是否具有竞争性等。

企业在维持竞争优势的过程中，必须深刻认识自身的资源和能力，采取适当的措施。因为一个企业一旦在某方面有了竞争优势，势必会吸引到竞争对手的注意。一般来说，企业经过一段时期的努力，建立起某种竞争优势，然后就处于维持这种竞争优势的态势，竞争对手开始逐渐做出反应；而后，如果竞争对手直接进攻企业的优势所在，或采取其他更为有力的策略，就会使这种优势受到削弱。因此，企业应保证其资源的持久竞争优势。

典型案例

汽车市场营销环境分析为汽车企业经营决策提供依据

1983年，美国经济从石油危机的影响中摆脱出来，汽车市场需求大增，而美国最大的汽车进口国日本却因"自愿出口限制"配额影响，每年只能进口10万辆汽车，造成进口车供需之间的巨大差距。加上此时日元升值，日本汽车制造商采取了高档车转移方针。而美国三大汽车厂商对低价车毫不重视，并趁日本车涨价之机调高同类车售价。引进日本三菱技术的韩国现代汽车公司，立足于对当时美国汽车市场营销环境的详细调查、预测和分析，确定了质优价廉的产品战略，提出"日本车的质量、韩国车的价格"的营销推广口号，进军美国汽车市场。韩国现代汽车公司于1986年进入美国市场，当年汽车销量就达到168882辆，是同期日本铃木公司60983辆销量的2.5倍。

从市场营销的角度来看此案例，韩国现代汽车之所以能够成功地打入美国市场有其多方面的原因。韩国现代汽车把握住了国际市场营销环境变化带来的市场进入机会，利用日美贸易政策的摩擦和限制以及汇率优势，在美国这一极具市场潜力的国际市场中牢牢地捕捉住了机会，并及时扩大其市场份额，为其国际市场营销成功打下了良好的基础。从韩国现代汽车成功进入美国市场，可以看出对汽车市场营销环境的分析是非常重要的。企业要通过对各类营销环境因素的分析找出自己的优势和缺陷，发现汽车市场上相对有利的条件并加以利用，同时也要对不利条件进行转换和规避，使企业在汽车营销过程中取得较好的经济效益。

实践操作

SWOT 在个人求职、职业生涯规划中的应用

以个人为单位完成实训任务，利用 SWOT 对自己进行职业生涯规划分析。

实训操作步骤：

1. 评估自己的长处和短处

每个人都有自己独特的技能、天赋和能力。在当今分工非常细致的环境中，每个人擅长于某一领域，而不是样样精通（当然，除非天才）。举个例子，有些人不喜欢整天坐在办公室里，而有些人则一想到不得不与陌生人打交道时，心里就发麻，惴惴不安。请作个列表，列出你自己喜欢做的事情和你的长处所在。同样，通过列表，你可以找出自己不是很喜欢做的事情和你的弱势。找出你的短处与发现你的长处同等重要，因为你可以基于自己的长处和短处，做两种选择：或努力去改正错误，提高你的技能，或是放弃那些对你不擅长的技能要求的学习。列出你认为自己所具备的很重要的强项和对你的学习选择产生影响的弱势，然后再标出那些你认为对你很重要的强弱势。

2. 找出你的职业机会和威胁

不同的行业（包括这些行业里不同的公司）都面临不同的外部机会和威胁，因此，找出这些外界因素将助你成功地找到一份适合自己的工作，这对你的求职是非常重要的，因为这些机会和威胁会影响你的第一份工作和今后的职业发展。如果公司处于一个常受外界不利因素影响的行业里，很自然，这个公司能提供的职业机会将是很少的，而且没有职业升迁的机会。相反，充满许多积极的外界因素的行业将为求职者提供广阔的职业前景。请列出你感兴趣的一两个行业，然后认真地评估这些行业所面临的机会和威胁。

3. 提纲式地列出今后 3~5 年内你的职业目标

仔细地对自己做一个 SWOT 分析评估，列出你 5 年内最想实现的四五个职业目标。这些目标可以包括：你想从事哪一种职业，你将管理多少人，或者你希望自己拿到的薪水属哪一级别。请时刻记住：你必须竭尽所能地发挥出自己的优势，使之与行业提供的工作机会完满匹配。

4. 提纲式地列出一份今后 3~5 年的职业行动计划

这一步主要涉及一些具体的内容。请你拟出一份实现上述第三步列出的每一目标的行动计划，并且详细说明为了实现每一目标，你要做的每一件事，何时完成这些事。例如，你的个人 SWOT 分析可能表明，为了实现你理想中的职业目标，你需要进修更多的管理课程，那么，你的职业行动计划应说明要参加哪些课程、什么水平的课程以及何时进修这些课程等。你拟订的详尽行动计划将帮助你做决策，就像外出旅游前事先制定的计划将成为你的行动指南一样。

5. 寻求专业帮助

能分析出自己职业发展及行为习惯中的缺点并不难，但要以合适的方法改变它们却很难。

相信你的朋友、同学、老师都可以给你一定的帮助，特别是很多时候借助专业的咨询力量会让你大走捷径。有外力的协助和监督也会让你更好地取得成效。

单元小结

1. 网络营销环境的概念：指对企业的生存和发展产生影响的各种外部条件，即与企业网络营销活动有关联因素的部分集合。

2. 构成网络营销环境的五要素：提供资源、全面影响力、动态变化、多因素互相作用、反应机制。

3. 宏观环境包括六个方面的内容：政治法律环境、经济环境、人文与社会环境、科技与教育水平、自然环境、人口。

4. 微观环境包括五个方面的内容：企业内部环境、供应者、营销中介、顾客或用户、竞争者。

5. SWOT 分析法则概念：根据企业自身的既定内在条件进行分析，找出企业的优势、劣势及核心竞争力之所在。其中，S 代表 Strength(优势)，W 代表 Weakness(弱势)，O 代表 Opportunity(机会)，T 代表 Threat(威胁)。

6. 进行 SWOT 分析时的三个步骤：分析环境因素、构造 SWOT 矩阵、制定行动计划。

学习单元三
汽车市场调研分析及营销预测

情境导入

假设你是 4S 店的销售人员,针对年中过去,汽车营销状况低迷的情况,为了解客户需求和购买意向并促进销售,特举办五一小长假订车大派对活动。活动前要针对吸引群体展开调研,如果你负责开展调研,请问你知道调研步骤吗?你知道怎么设计调研问卷吗?你知道利用哪些调研平台进行调研吗?

学习目标

1. 能利用网络调研平台展开汽车调研活动。
2. 能策划汽车网络调研活动。
3. 能在问卷星平台内设计问卷。
4. 能在问卷星平台发布、下载和收集问卷。
5. 能分析和撰写网络调研报告。
6. 能用市场营销预测步骤进行市场预测。

理论知识

汽车市场调研有助于经营者了解汽车市场状况,发现和利用汽车市场机会,是企业制定正确营销战略、开发新产品、开拓新市场的重要依据,可使企业在竞争中占据有利地位。传统方式的问卷调查需要提前做很多准备工作,调研周期长,比较繁琐,而网络调研就能够解决这些问题。在专门的网络调研平台有现成的问卷模板,可根据实际需要进行问卷设计、发布、回收,查看平台自动生成的数据分析结果以及下载问卷调查结果。

一、汽车市场网络调研

1. 网络调研

网络调研是指利用互联网技术进行调研的一种方法。大多应用于企业内部管理、商品行销、广告和业务推广等商业活动中。

2. 汽车市场网络调研

汽车市场网络调研是运用互联网络和信息技术，收集、整理、分析和调研所有与汽车消费市场有关的信息，从而把握市场现状和发展趋势，以便制定针对性的营销策略。

二、汽车市场网络调研特点

1. 无时空和地域限制

与传统调研受时空和地域限制不同，网络调研在互联网络和手机上进行，只要有网络，就可以不受时间和地域的限制。

2. 便捷性和低成本

在网络上进行汽车市场调研，调研者和被调研者只需拥有计算机或手机就可以完成。调研者在调研平台上发出调研问卷，利用数字平台对受访者反馈的信息进行整理和分析，十分便捷，可大大地减少企业市场调研的人力和物力耗费，缩减调研成本。

3. 可检验性和可控制性

调研者可以通过数据分析了解调研的真伪，也可以控制参与调研的对象，还能控制参与区域。

4. 充分性和客观性

汽车市场网络调研面对的调研对象多，区域广，调研数据结果更能体现其充分性和客观性。

5. 自动性和高效性

网络调研自动回收数据，自动生成统计数据图表，减少了人工统计的工作量，统计精确性和效率大大提高。

三、汽车市场网络调研方法

现在汽车市场网络调研一般采用直接调研和间接调研两种方法。

1. 直接调研

直接调研是指为了特定的目的在互联网收集一手资料或信息的过程。一般有网上问卷调研法、专题讨论法、网络观察法三种方法。

（1）网上问卷调研法

是指通过发放问卷了解消费者的调研方法。

（2）专题讨论法

是指利用消费者社区或者社群，调研者和被调研者共同参与得到一手资料的方法。

（3）网络观察法

是指调研者通过网站跟踪、数据观察了解消费者在某些网站或网店中的表现情况、喜好等，这种方法能真实地反映出汽车市场竞争者、消费者以及宏观和微观环境。

2. 间接调研

间接调研指利用互联网收集与企业营销相关的市场、竞争者、消费者以及宏观环境等二手资料及信息。一般利用搜索引擎、相关网站、网络数据库三种渠道进行收集。

（1）搜索引擎

指通过网络搜索引擎进行信息查询和检索，国内一般常用的有百度、360搜索、搜狗等。

（2）相关网站

指相关政府网站、企业网站、门户网站、汽车专题网站、论坛等。

（3）网络数据库

利用国内外大型商业数据库查找调研者需要的资料。

直接调研与间接调研两种方法的优缺点比较见表1-3-1。

表1-3-1 直接调研与间接调研优缺点比较

特　点	直　接　调　研	间　接　调　研
数据真实性	一手资料，数据真实性高	依赖于收集资料的真实性
调研成本	高	低
调研时间	长	短

四、常用问卷调研工具介绍

要做好汽车市场网络调研，需掌握和使用一些常用的调研工具平台，在这些工具的帮助下获取信息，为后续运营方案提供重要依据。

常用的网络调研平台有问卷星、问卷网、天会调研宝、调查派、易调网、新榜、微小宝、百度指数、头条指数等。其中问卷星调研平台是目前使用较为广泛的调研平台。

五、汽车市场网络调研步骤

汽车市场调研一般分为明确调研目标，确定调研对象，制定调研计划，设计调研方案，收集与分析信息，调研问卷发放、回收和分析，撰写与提交调研报告七个步骤。

1. 明确调研目标

明确调研目标，确定指导思想，限定调研的问题范围。汽车市场营销涉及的调研目标范围很广，例如环境调研、消费者调研、需求调研、产品调研、销售调研、竞争对手调研等，因而，每次调研都要依据企业活动的部分内容展开。例如，某店为提高汽车售后部门的服务质量，对该店汽车消费者进行“汽车售后服务客户满意度调查”，目的明确，限定范围，如图1-3-1所示。

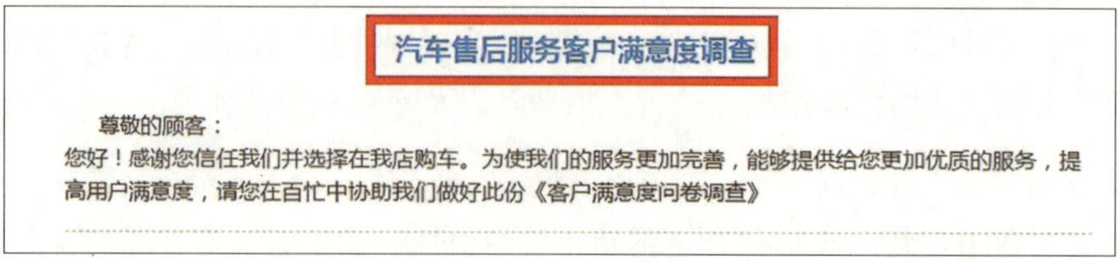

汽车售后服务客户满意度调查

尊敬的顾客：

您好！感谢您信任我们并选择在我店购车。为使我们的服务更加完善，能够提供给您更加优质的服务，提高用户满意度，请您在百忙中协助我们做好此份《客户满意度问卷调查》

图1-3-1 明确调研目标

2. 确定调研对象

主要是指针对谁展开调研，比如是消费者、商家、竞争对手、合作者，还是第三方企业平台或者个人，只有确定调研对象才能正确设计调研内容，如图1-3-2所示。

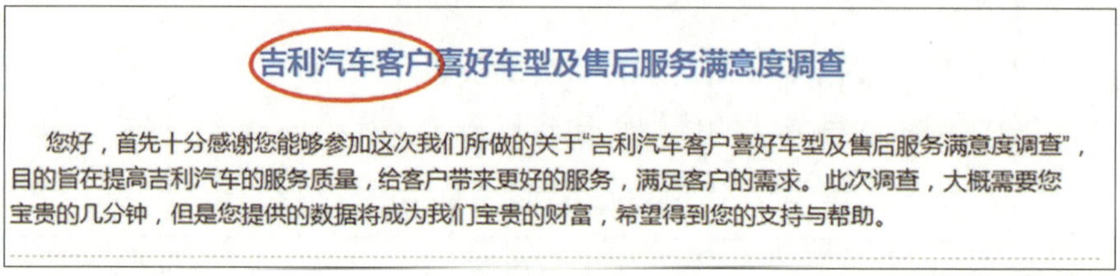

吉利汽车客户喜好车型及售后服务满意度调查

您好，首先十分感谢您能够参加这次我们所做的关于“吉利汽车客户喜好车型及售后服务满意度调查”，目的旨在提高吉利汽车的服务质量，给客户带来更好的服务，满足客户的需求。此次调查，大概需要您宝贵的几分钟，但是您提供的数据将成为我们宝贵的财富，希望得到您的支持与帮助。

图1-3-2 确定调研对象

3. 制定调研计划

这是整个汽车市场调研过程中最复杂的阶段。这一阶段的工作主要包括：

1）选择和安排调研项目，即要取得哪些项目的资料。这一点取决于明确的调研目标、调研区域和调研对象。

2）选择和安排调研方法，即取得资料的方法。采用何种调研方法（直接调研法、间接调研法等）。

3）抽样调研是一种非全面调研，它是从全部调查研究对象中抽选一部分进行调研，并据此对全部调查研究对象做出估计和推断的一种调研方法。

4）调研人员的选择和安排，在此基础上对调研人员进行必要的培训。

5）调研时间的选择和安排，便于进度日程和工作进度的监督和检查。

4. 设计调研方案（以直接调研为例）

调研问卷主要分为五个部分：

（1）标题

标题即问卷的题目，它概括说明了调查研究的主题，使被调研者对要回答的问题范围有大致了解。标题应精准简明，这样容易引起被调研者的兴趣，如图1-3-3所示。

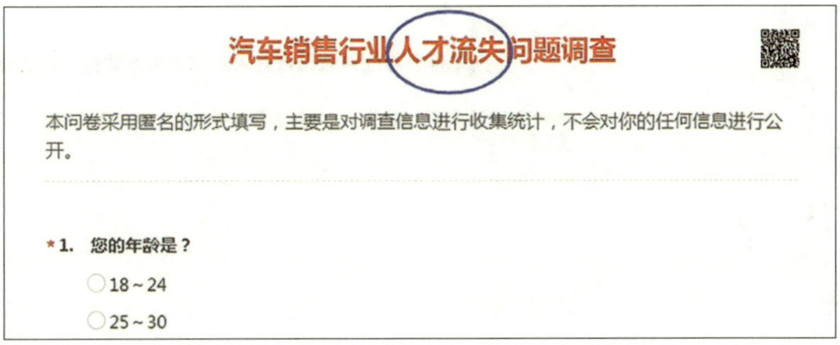

图 1-3-3　标题精准

（2）问卷说明

问卷说明放在问卷开头，主要向被调研者说明调研的目的、意义，包括问候语、填表说明、填表所需时间及其他事项说明。问候语是为引起被调研者重视，消除疑虑，激发其参与意识，争取得到合作而设计的，一般放在问卷的开头，尽量采取简洁的方式，如图 1-3-4 所示。

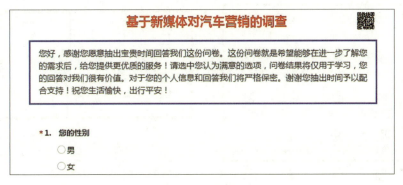

图 1-3-4　问卷开头

（3）被调研者基本情况

与传统调研不同的是，为了更好地进行市场细分，还需要对被调研者的性别、年龄、民族、学历、婚姻状况、文化程度、职业、单位、收入、区域等信息做设计。如果被调研者是企业则需要对企业名称、地址、所有制性质、行业、规模、员工人数、经营状况及主打产品等信息做设计，如图 1-3-5 所示。

（4）调研的主题内容

主题内容是调研者要了解的基本内容，也是问卷中最重要的部分。主要内容以提问的形式提供给被调研者，调研题目设计的好坏直接影响调研质量。

主要内容包括被调研者的需求、行为习惯、态度、个人偏好、意见、经营现状、面临问题、解决方法、未来判断等。

命题方式分为封闭式题目和开放式题目，如图 1-3-6 所示。

封闭式题目包括单项选择题、多项选择题、是非判断题、矩阵打分题等。

开放式题目包括开放式数值题、开放性文字题等。

图 1-3-5　被调研者基本情况

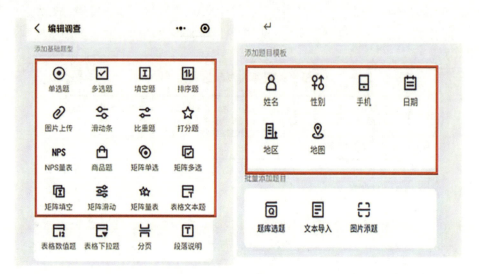

图 1-3-6　命题方式

调研主题有以下注意事项：

1）题目与调研主题密切相关，如图 1-3-7 所示。

图 1-3-7　题目与调研主题相关

2）尽量用简单的语言描述问题，避免使用专业术语和抽象概念，让被调研者容易接受。问题简短、次序条理清楚，如图 1-3-8 所示。

3）容易答的问题在前，题型一般为封闭式的单选题或者是非判断题，不问回答者不知道的问题，如图1-3-9所示。

图1-3-8　问题容易

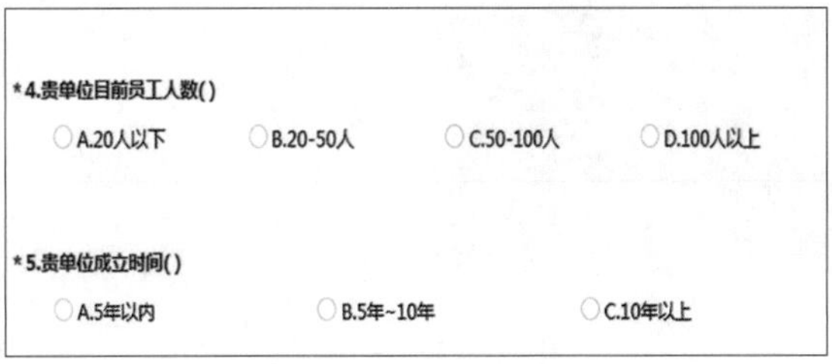

图1-3-9　单项选择题

4）较难问题放在中间，问题不可以带有倾向性，应保持中立态度，问题框架要明确，题型一般为多选题，如图1-3-10所示。

5）敏感性问题放最后，一般不直接问，要间接、委婉，题型一般为开放式，如图1-3-11所示。

图1-3-10　多项选择题

图1-3-11　开放式提问

（5）结尾落款

一份完整的调研问卷，通常还在问卷正式内容的最后记载关于调研过程的记录和被调研者的联系方式，并附上调研者的姓名、调研日期等，如图1-3-12所示。

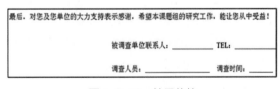

图1-3-12　结尾落款

5. 收集与分析信息

通过发放和回收问卷，对被调研者开展问题调研，并通过统计、汇总、分析得出调研结论，了解消费者在网络消费过程中最关注的因素。

6. 调研问卷发放、回收和分析

将设计好的调研问卷通过互联网平台发放，再对回收的信息进行统计，通过计算机对数据进行多维度的比对分析，最终得出本次调研所需的第一手资料，如图1-3-13所示。

7. 撰写与提交调研报告

调研报告是调研的最终结果。一般通过文字、图表等形式将调研结果呈现出来，方便人们对所调研的市场现象或问题有系统的了解，如图1-3-14所示。调研报告包括封面、目录、概要、正文等组成部分，其中正文一般内容为调研目的、调研对象、调研方法、数据分析、结论等。

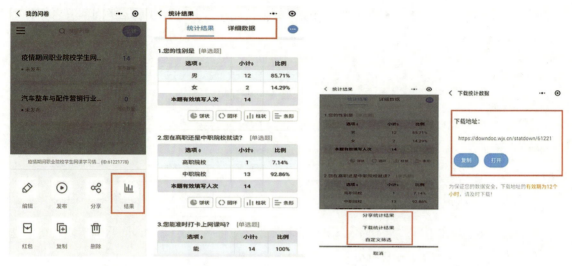

图 1-3-13　数据分析　　　　图 1-3-14　下载统计结果

六、汽车市场营销预测

汽车市场预测是在市场调研的基础上，利用预测理论、方法和手段，对未来一定时期内决策者关心的市场需求、供给趋势以及营销的影响因素的变化趋势和可能水平做出判断，为营销决策提供依据的科学化过程。

根据市场营销预测的目的、内容、方法的不同，一般有如下几个步骤。

1. 确定预测目的

进行一次成功的预测，就要有明确的目标。

2. 收集、整理原始资料和现实资料

原始资料和新收集的资料，在预测前必须重新整理分析，对出现的异常数据要进行及时整改处理，以免采用模型预测时出现偏差。

3. 选择预测方法

常见的预测方法有德尔菲法和集合意见法。德尔菲法是将整理出来的预测问题逐一拟出后分发给各专家，请他们填写自己的预测看法，再将反馈信息统一传给主持人分类汇总。如此循环几轮预测后让意见更集中，从而得出预测结果。集合意见法则是根据企业经营管理要求，向研究问题的有关人员提出预测项目、预测期限的要求和资料后，根据预测的要求及掌握的资料，相关人员凭个人经验和分析判断能力，提出各自的预测方案，提供给主持人做计算分类，确定最终预测结果。

4. 实施预测

一旦确定预测方法，就可以进行预测，并根据各类预测结果进行分析、调整和修改。要先进行试预测，对模型精确度进行评价，当对精确度较为满意时，才可以进行正式预测。

典型案例

典型的调研问卷

2020 年初，突如其来的新冠肺炎病毒席卷而来，疫情发生后，国家采取果断措施，各项工作有条不紊地进行。某校汽车工程系师生积极响应“停课不停学”的号召，确保完成学习计划。该校汽车工程系教研组为了解学生在线学习的现状与效果，为学校不断改进在线教学提供合理建议，做了一份调研问卷，如图 1–3–15~ 图 1–3–17 所示。

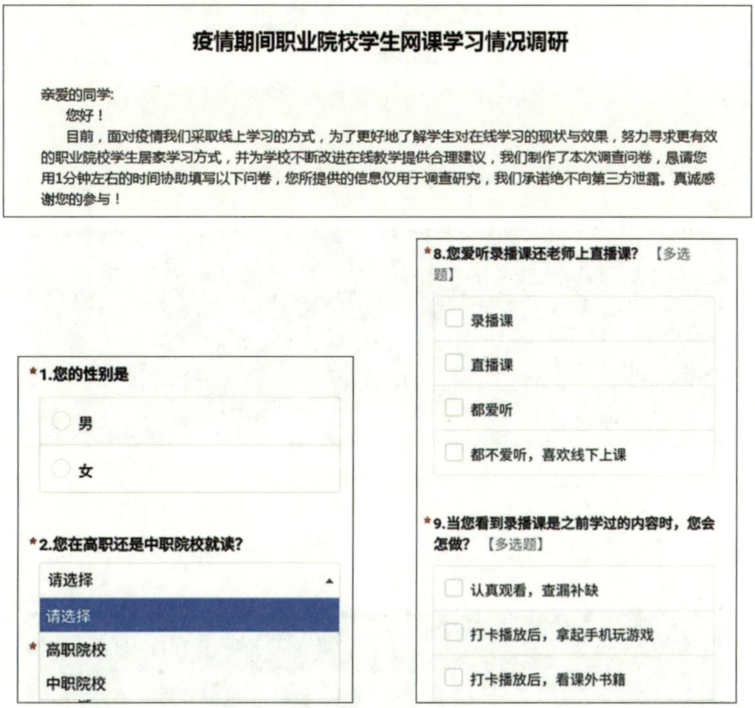

疫情期间职业院校学生网课学习情况调研

亲爱的同学:

您好！

目前，面对疫情我们采取线上学习的方式，为了更好地了解学生对在线学习的现状与效果，努力寻求更有效的职业院校学生居家学习方式，并为学校不断改进在线教学提供合理建议，我们制作了本次调查问卷，恳请您用1分钟左右的时间协助填写以下问卷，您所提供的信息仅用于调查研究，我们承诺绝不向第三方泄露。真诚感谢您的参与！

*1.您的性别是

男

女

*2.您在高职还是中职院校就读?

请选择

请选择

高职院校

中职院校

*8.您爱听录播课还老师上直播课? 【多选题】

录播课

直播课

都爱听

都不爱听，喜欢线下上课

*9.当您看到录播课是之前学过的内容时，您会怎做? 【多选题】

认真观看，查漏补缺

打卡播放后，拿起手机玩游戏

打卡播放后，看课外书籍

图 1–3–15　开头部分

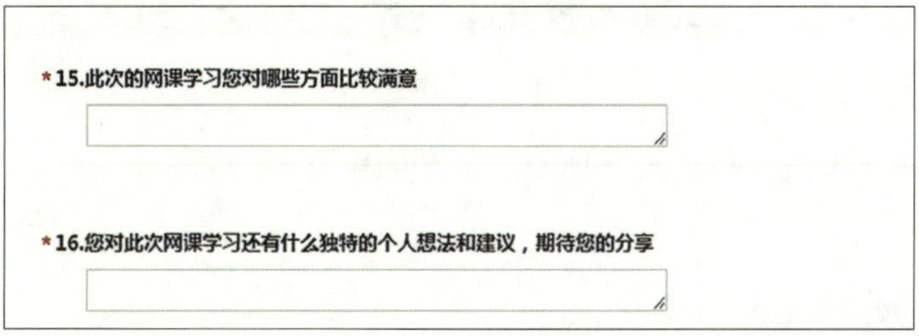

*15.此次的网课学习您对哪些方面比较满意

*16.您对此次网课学习还有什么独特的个人想法和建议，期待您的分享

图 1–3–16　中间部分

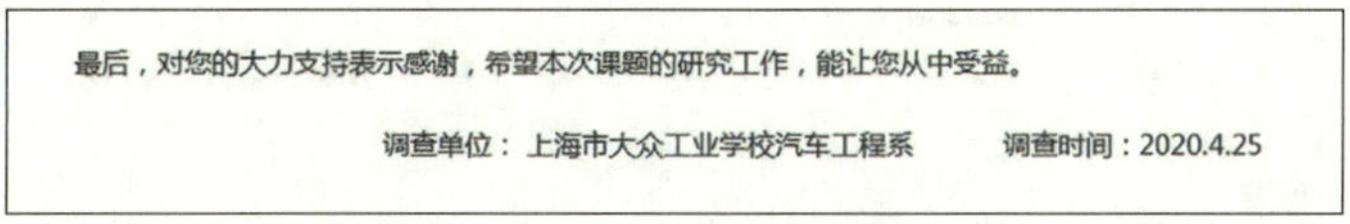

最后，对您的大力支持表示感谢，希望本次课题的研究工作，能让您从中受益。

调查单位：上海市大众工业学校汽车工程系　　调查时间：2020.4.25

图 1–3–17　结尾部分

实践操作

问卷星的使用

1）注册登录问卷星。通过搜索引擎,找到问卷星官网,如图 1-3-18 所示。

图 1-3-18　问卷星官网(PC 端)

2）单击问卷星官网找到"注册",如图 1-3-19 所示。

图 1-3-19　问卷星注册

3）注册完成后,找到企业"免费使用"版,如图 1-3-20 所示。

图 1-3-20　单击免费使用

4）进入创建问卷界面进行在线设计问卷,如图 1-3-21 所示。

图 1-3-21　单击创建问卷

5）在问卷模板上单击"编辑"开始问卷设计，依据需求单击左上角对话框题型进行问题编辑，如图 1-3-22 所示。

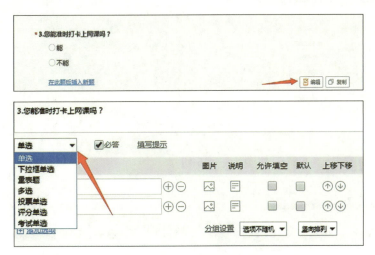

图 1-3-22　问题题型编辑

6）编辑问题过程中，可增减、删除及分组设置等，根据显示菜单选取进行调整后单击完成编辑，如图 1-3-23 所示。

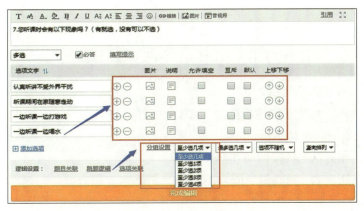

图 1-3-23　问题设置

7）调查问卷设计好后，选择手机或者 PC "预览" 检查是否有误，确认无误后单击"完成编辑并运行"保存，如图 1-3-24 所示。

图 1-3-24　预览及发布

8）选择发布方式和渠道，如图1-3-25所示。

图1-3-25　发送问卷

9）数据统计、分析、下载，如图1-3-26所示。

图1-3-26　分析及下载

单元小结

1. 网络调研是指利用互联网技术进行调研的一种方法。大多应用于企业内部管理、商品营销、广告和业务推广等商业活动中。

2. 网络调研特点：无时空和地域限制、便捷性和低成本、可检验性和可控制性、充分性和客观性、自动生成调研统计数据。

3. 网络调研常用方法：直接调研和间接调研。

4. 网络调研常用平台：问卷星、问卷网、天会调研宝、调查派、易调网、新榜、微小宝、百度指数、头条指数等。

5. 汽车市场调研步骤：明确调研目标、确定调研对象、制定调研计划、设计调研方案、收集与分析信息、撰写与提交调研报告。

6. 汽车市场预测是在市场调研的基础上，利用预测理论、方法和手段，对未来一定时期内决策者关心的市场需求、供给趋势和营销的影响因素的变化趋势和可能水平做出判断，为营销决策提供依据的科学化过程。

学习单元四
汽车消费者购车行为分析

情境导入

突如其来的新冠肺炎疫情让本就遭遇销售寒冬的车企雪上加霜，线下销售渠道客流量锐减、订单率降低。某 4S 店邓总准备另辟蹊径"自救"，开展线上营销，花式带货，支持消费者 VR 线上看车、线上下单等。邓总要求你依据线上汽车消费者的行为特征构建用户画像，为策划和实施线上汽车营销活动做准备。

学习目标

1. 能用列举法构建用户画像所需要的基础数据。
2. 能构建汽车消费者用户画像。
3. 能分析影响汽车消费者购车决策行为因素。
4. 能分析消费者购车行为决策路径。

理论知识

消费行为一般来说是人们为满足需要和欲望而寻找、选择、购买、使用、评价及处置产品、服务时介入的活动。汽车市场营销的目的就是要了解消费者的这些行为特征，把握汽车消费者的心理活动以及汽车市场的发展趋势，不断调整产品。从汽车消费者的购买行为及决策过程出发，构建用户画像，制定相应的汽车市场营销策略，由此找到新的营销机会，最终在竞争激烈的汽车消费市场中占得先机。

一、汽车消费者画像

1. 汽车消费者画像概述

消费者画像又称用户画像，或者是用户角色，是团队用来分析用户行为、动机、个人喜好的一种工具。用户画像能够让团队更加聚焦用户群体，对目标用户群体有一个更为精准的理解和分析。

对于线上营销运营者来说，每一次营销都是为特定的用户提供服务而存在的，"特定的用户"是作为一种虚拟形象存在的用户画像，依据一群真实的、有代表性的用户群体和目标受众的各类数据总结而来。通过用户的性别、年龄、教育水平、工作地域、婚姻状况等信息对用户进行一次精准的分析，可以勾勒出一个生动而立体的形象群体，如图1-4-1所示。

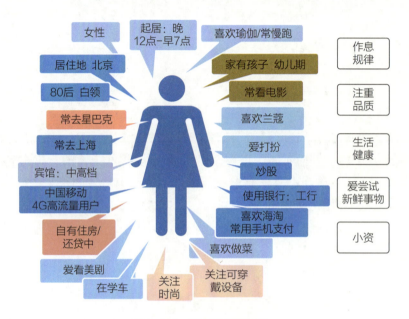

图1-4-1　汽车消费者画像

2. 汽车消费者画像的构建步骤

消费者画像是对一群人做特征描述和共性特征的提炼，需要从显性画像和隐性画像两个方面入手。显性画像：即用户群体的可视化的特征描述，如目标用户的年龄、性别、职业、地域、兴趣爱好等特征。隐性画像：用户内在的深层次的特征描述，包含了用户的产品使用目的、用户偏好、用户需求、产品使用场景、产品使用频次等。

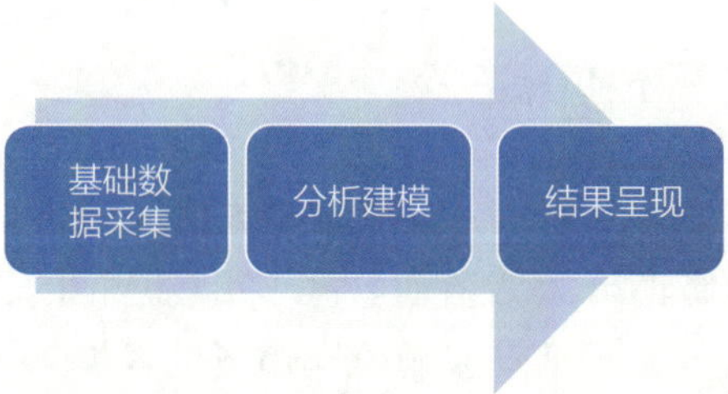

用户画像分为以下三个步骤：基础数据采集、分析建模、结果呈现，如图1-4-2所示。

图1-4-2　用户画像三个步骤

（1）基础数据采集

数据是构建用户画像的核心依据，在基础数据采集上可以通过列举法先列举出构建用户画像所需要的基础数据，见表1-4-1。

表 1-4-1 基础数据建模维度及内容

一级维度	二级维度	数据举例	数据来源
宏观层	行业数据	如：用户群体的社交行为、用户群体的网络喜好、用户群体的行为洞察、用户群体的生活形态调研	行业研究报告
	用户总体数据	如：用户总量、不同级别用户分布、用户活跃情况、转化数据	
	总体浏览数据	如：PV、UV、访问页面数	
	总体内容数据	如：社区产品的用户发帖量（包含主题数、回复数、楼中楼等数据）、不同级别用户发帖数据等	
中观层	用户属性数据	如：用户终端设备，网络及运营，用户的年龄、性别、职业、兴趣爱好等	前台和后台、第三方数据平台研发导出
	用户行为数据	用户的黏性数据、访问频率、访问时间间隔、访问时段 用户的活跃数据、用户的登录次数、平均停留时间、平均访问页面数	
	用户成长数据	网络使用习惯、产品使用习惯、新老用户数据、用户的生命周期、用户的等级成长	
	访问深度	如：跳出率、访问页面数、访问路径等	
	模块数据	产品各个功能模块数据	
	问卷调研	问卷调研过程中各个问题的情况反馈	调研和访谈
	用户访谈	访谈用户的问题和需求反馈	
微观层	用户参与度数据	如：用户资料修改情况、用户新手任务栏完成情况、用户活动参与情况	数据后台、第三方数据平台研发导出
	用户点击数据	用户各个功能模块和按钮的访问和点击情况等	

从表 1-4-1 可以看出，列举的数据纬度较多，在构建用户画像过程中根据需求进行相关的数据筛选。基础资料和数据收集环节通过一手资料（调研和访谈）和二手资料（研究报告和文献）获取相应的基础数据。文献资料和研究报告这些资料和数据从产品数据后台、问卷调研、用户访谈三个方面来获取。

（2）分析建模

当对用户画像所需要的资料和基础数据收集完毕后，接下来需要对这些资料进行分析和加工，提炼关键要素，构建可视化模型。例如新能源汽车主要是面对已婚男士这个群体，就需要对整个男性群体的年龄、学历、工作、婚姻、收入等进行分析，如图 1-4-3 所示。

图 1-4-3　构建可视化建模

（3）结果呈现

用户画像是从显性画像和隐性画像两个方面构建出消费者的消费特征，因此，整个用户画像也要从这两个方面呈现，如图 1-4-4、图 1-4-5 所示。

图 1-4-4　显性特征　　　　　　　　　　图 1-4-5　隐性特征

二、影响汽车消费者购车决策行为因素

构建消费者画像更多是发现、发掘顾客的需求，而消费者的需求是通过购买汽车产品满足并经历购买决策的逻辑过程，这个过程会受到内在因素和外在因素的影响。

影响消费者购买行为的内在因素很多，主要有消费者的个体因素与心理因素。购买者的年龄、性别、经济收入、教育程度等因素在很大程度上影响消费者的购买行为。

（1）个体因素

购买者的年龄、职业、经济收入、教育程度等因素会在很大程度上影响购买者的购买行为。

1）年龄。一个人在不同的年龄阶段，所需要的产品和服务是不断变化的，审美观和价值观也会不同，从而表现出不同的购买行为。

2）职业。职业决定一个人的地位以及他所扮演的角色，同时也决定着他的经济状况，从而影响消费模式。如教师、律师及政府官员大多喜欢购买传统品牌轿车，代表庄重、沉稳与威严。年轻的公司职员则喜欢尝试网联化、智能化的新品类汽车。

3）经济收入。消费者的收入是有差异的，同时又在不断变化，决定消费的数量、质量、结构及消费方式，从而影响购买行为。

4）教育程度。一般来说，消费者受教育程度越高，对精神方面的消费需求就越多。同时，购买汽车产品时更加注重汽车的性能、设计和舒适感受。

（2）心理因素

消费者心理是指消费者在满足需要活动时的思想意识，支配着消费者的购买行为。影响消费者购买的心理因素主要有动机、感受、态度、学习。

1）动机。动机是消费者购买行为的起点，了解消费者的需要，正是研究消费者购买行为的切入点。不同层次的消费者对汽车要求也不同。消费者的需要通常通过他的意向、愿望、兴趣体现出来，销售人员通过用户画像初步了解消费者的需求层次，明确需求，做到精准推介。

2）购买动机的类型。一般将汽车消费者心理动机分为以下几类，见表1-4-2。

表1-4-2 汽车消费者心理动机

动机类型	购买动力源	消费心理	表象特征
感情动机	由个人情绪和情感激发产生	求新、求美、求荣	追求汽车外观造型、时尚、个性为主，不太注重实用价值及价格
求实动机	由个人客观需要激发产生	求实、求廉、求安全	追求实际功效、作用，讲究经济实惠、方便，不太注重外观
理智动机	由个人社会荣誉、地位激发产生	求品、求名、求认可	追求汽车名牌、高档，彰显身份，不关注价格，享受尊荣
惠顾动机	由个人对特定商品、商店产生特殊的信任和偏好形成的习惯	经常性、习惯性嗜好	追求便捷、实用、富有依赖心，不关注价格

从表1-4-2可以看出，消费者的购买动机是复杂的、多层次的，人们的购买动机不同，购买行为必然是多样的、多变的。同时，消费者的心理活动一般是隐性的、看不见的，消费者在认识商品的过程中根据自身需要逐步明确目标，转化为购买动机，最后成为实际购买汽车的直接动因。

（3）感受

感受指人们的感觉和直觉，是消费者随着感觉的深入，各种汽车商品信息在头脑中被联系起来进行初步的分析判断，形成对刺激或激情反应的心理过程，主要体现在三个方面。

1）选择性注意。消费者在获取汽车信息时，只是对与自己需要有关的、特别留意的、独特的信息留下深刻印象。

2）选择性曲解。是指消费者以个人意愿去理解信息的倾向，常会造成先入为主的观念。如汽车营销企业能始终坚持诚信经营、优质服务，努力提高企业的品牌形象，就会在消费者心中占据牢固的地位。

3）选择性记忆。是指消费者有倾向性地记住自己喜欢的、感兴趣的、印象特别深刻的信息。

（4）态度

态度常指个人对事物所持有的喜欢与否的评价、情感上的感受和行动倾向。

消费者态度主要源于与汽车商品的直接接触、受他人直接或间接的影响、家庭教育与本人经历，包含信念、情感和意向。一般在网络与新媒体营销过程中，力求选择消费者信任的信息传达者或信息输送渠道，积极地将消费者引流至线下参与试乘试驾活动，有机会体验和了解产品，从而促使消费者产生积极肯定的态度。

（5）学习

学习是指由于经验引起的个人行为的改变。消费者在购买和使用汽车的活动中，一般事先在网上的各种渠道获取知识、经验与技能，通过积累，不断地提高自身对汽车的认识、评估决策能力，从而完善购买行为。如汽车4S店经销商通过微信公众号VR虚拟场景看车、线上预约试乘试驾等措施来强化消费者对汽车产品的了解，激发消费者的联想，并将驱策力激发到马上行动的地步，如图1-4-6所示。

图1-4-6　线上VR看车

三、汽车消费者购车行为决策路径

当今，用户消费行为路径生了新的变化，车企纷纷由"强线下"销售转入线上销售模式。消费者购车行为决策路径主要有以下两种。

1. 传统线上购车路径

传统线上购车路径一般分为认知、熟悉、对比、留资四个过程。消费者一般在网上通过门户网站、垂直网站、官网、抖音等平台浏览车辆，在获得车辆信息后对自己感兴趣的汽车品牌做进一步熟悉和了解，然后通过渠道进行比质比价，最后在心仪的车辆网站留下自己的资料信息以备后续沟通。这种路径呈单向线形流程，如图1-4-7所示。

图1-4-7　线上购车示意图

由图1-4-7发现，线上购车路径处于线上销售初期探索阶段，销售内容和工具比较"粗放"，导致用户购车路径只停留在用户留资（留下客户资料信息）的阶段，用户目标也不明确，后续还要经过线上销售电话联系、预约试乘试驾、店内看车等很长一个行为决策周期。

2. 现代网状购车路径

消费者的购买决策路径展现出动态、无序化特征，传统线上营销模型已经无法满足用户的购车需求。在需求变迁驱动下，汽车企业的经营也日益由"粗放"的线形向精细化转变，转向以多行为阶段、多流转路径为特征的网状购车路径，如图1-4-8所示。

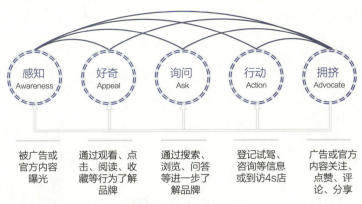

图 1-4-8　网状购车示意图

由图 1-4-8 发现，消费者信息获取来源更轻松，呈多样化形态，留资用户也会随之增多，用户的消费行为更多地呈现为浅层决策购车的特征。这种无序网状路径下，决策过程更快，目标更加聚焦，购车的周期大大缩短。

典型案例

新能源汽车消费者画像市场发展现状分析

1. 汽车市场消费者男女占比

新能源汽车销量快速增长，同时用户群体也在不断扩大。在燃油车的消费结构中，男性车主占比远远大于女性车主，新能源汽车市场男性车主仍然高于女性车主，如图 1-4-9 所示（数据来源：第一电动网）。

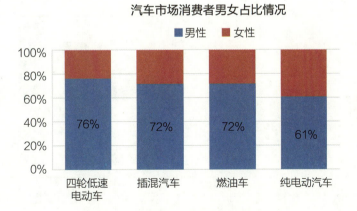

图 1-4-9　新能源汽车消费市场男女占比

2. 新能源汽车市场年龄占比

作为一个新兴市场，新能源汽车行业有着巨大的潜力。受访的新能源汽车消费者中

35~44岁人群占比最高，为34.8%；其次为25~34岁人群，占比为31.6%，如图1-4-10所示。

3. 已购新能源汽车价格占比

从新能源消费者已购买的汽车价格来看，10万~49.9万元的新能源汽车占据了绝大部分，其中10万~19.9万元的新能源汽车占比为32.0%；20万~49.9万元的新能源汽车占比为30.2%，如图1-4-11所示。

图1-4-10 新能源汽车消费者年龄比例

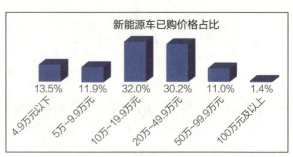

图1-4-11 新能源汽车价位分布

4. 新能源汽车预购用户占比分析

新能源汽车市场有大批预购者，其中60%以上的新能源汽车预购者为有车一族，试图替换现有车辆的新能源汽车预购者占据了新能源汽车总预购者的29.6%，如图1-4-12所示。

5. 新能源汽车预购者价位占比分析

从新能源汽车预购者的购买价位来看，32.5%的新能源汽车预购者对20万~49.9万元的新能源汽车较为心仪，23.8%的新能源汽车预购者的购买价位在10万~19.9万元之间，如图1-4-13所示。

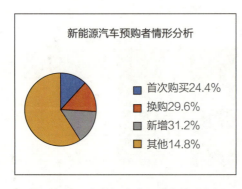

图1-4-12 新能源汽车预购者情形分析

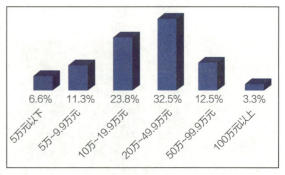

图1-4-13 新能源汽车预购者价位分析

综合来看，新能源汽车市场的火爆吸引了许多消费者，其中大部分人是有车一族，中等价位的新能源汽车受到了大多数人的欢迎。

实践操作

构建新能源汽车消费者用户画像

1. 基础数据采集

现有车主和潜在车主：即用户群体的可视化的特征描述，如目标用户的年龄、性别、职业、地域、兴趣爱好等特征，如图 1-4-14 所示。

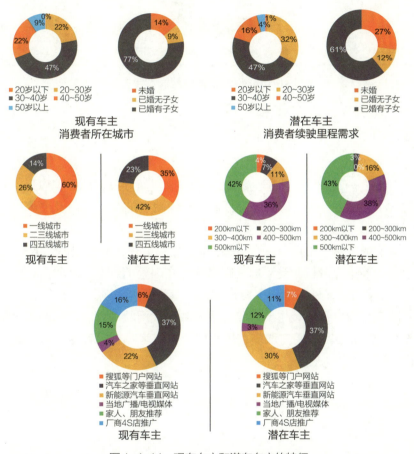

图 1-4-14 现有车主和潜在车主的特征

2. 分析建模

对资料进行分析和加工，提炼关键要素，构建可视化模型。比如，面向 90 后的用户群体，就要了解整个 90 后群体的性格特征、行为喜好等。通过问卷调研和用户访谈、研究报告等进行分析和关键字提炼，概括出 90 后群体标签。

3. 用户画像呈现

在基础数据采集和分析建模基础上，最终形成新能源汽车消费群体用户画像，如图 1-4-15 所示。

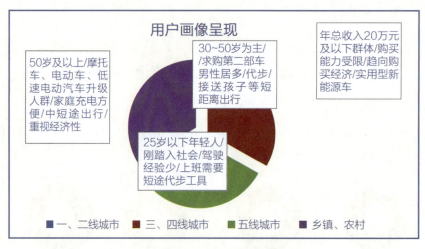

图 1-4-15　新能源汽车消费群体用户画像

单元小结

1. 汽车消费行为一般来说是人们为满足需要和欲望而寻找、选择、购买、使用、评价及处置产品、服务时介入的活动。营销运营者从汽车消费者的购买行为及决策过程出发,构建用户画像为运营规划、运营策略制定服务。

2. 构建汽车消费者用户画像分三个步骤:基础数据采集,分析建模,结果呈现。

3. 汽车消费者购车决策行为受到内在因素和外在因素的影响,其中内在因素主要是消费者的个体因素与心理因素,外在因素主要是社会环境和现实情境。

4. 消费者购车行为决策路径主要有传统线形和现代网状两种。现代网状决策路径使消费者信息获取来源更轻松,留资用户增多,用户的消费行为决策过程更快,目标更加聚焦,购车的周期缩短。

学习情境二
汽车网络营销实战技能

学习目标

- 能选择正确的软件进行新媒体图文设计
- 能选择正确的软件进行新媒体视频及音频处理
- 能根据营销目的撰写不同类型的软文
- 能利用手机 APP 软件设计不同类型的 H5
- 能使用工具平台创建网站
- 能使用网站平台创建个人店铺及企业店铺

学习单元一
新媒体图文设计

情境导入

假设你是某 4S 店的销售人员，互联网时代下，网络营销盛行，本店准备将新上市车型，在微信、淘宝平台上开展一系列的产品推广活动，需要制作一系列新媒体营销的宣传海报，请问你了解新媒体图文设计吗？你知道如何设计一张产品海报吗？你知道该如何设计微信文章阅读封面吗？

学习目标

1. 能根据设计主题选择合适的图片。
2. 能根据设计主题选择合适的文字。
3. 能使用工具进行图文设计。
4. 能使用工具设计电商轮播广告。
5. 能使用工具设计微信公众号封面。

理论知识

一、图文设计

图片给人视觉享受，文字负责传达信息，图片的视觉冲击力强，但没有文字，信息传达为 0。所以图文设计的意义在于将信息视觉化，以视觉化的形式传递信息，信息传递直观清晰，简明扼要。无论是传统媒介如报纸、杂志、书籍、海报等，还是网络媒介如网页、淘宝、微信等，对于信息的传达均以图文的形式表达。所以说，图文设计，无处不在。

1. 图文设计流程

设计一个活动海报，首先要确定这个海报的主题。接着确定主题的氛围感觉，例如时尚、简约、小资等。确定以上两步之后，确定配色方案，配色方案要体现主题氛围。之后寻找素材，也就是图片和文字，图片也可以由图形来代替。确定以上四步之后，就要确定版式了，即图文应该如何进行编排，才能打造一个有视觉美感的作品。图文设计流程图如图 2-1-1 所示。

图 2-1-1　图文设计流程

2. 图文设计基本形式

（1）文字为主图片为辅

微信公众号文章一般常用这种布置形式，文字为主体，图片是对文字的注解和说明。一些简化风格的海报也可以运用这种布置形式，此时文字不仅仅是传达信息的元素，更是一种艺术表现形式。图片作为辅助的元素，衬托文字设计元素的主要内容，如图 2-1-2 所示。

图 2-1-2　文字为主图片为辅

（2）图片为主文字为辅

以图片为主的版式设计，文字作为一个辅助元素存在于版面中。图片的放置空间较大，文字设计较小，图片作为版面中吸引视觉的元素，其所在的位置及各种形式的摆放决定了视觉感，更能吸引读者阅读。这种形式常见于产品海报、淘宝产品详情介绍等，如图 2-1-3 所示。

3. 版式设计原则

受互联网的影响，人们的阅读习惯和审美已经发生改变，他们接受更快、更直接、更形象的信息传达方式，对视觉体验愈加看重。怎么打造一个图文并茂、视觉美感强、信息传递

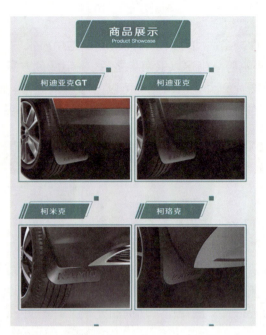

图 2-1-3　图片为主文字为辅

明确的图文设计，图文之间怎么结合才能兼具美感，又符合人们的视觉规律，我们可以运用以下原则和工具。

（1）三分法

三分法就是我们常说的拍照中的九宫格构图，其同样适用于设计。划分画面的四条线所形成的四个交点的位置，可以用于放置设计中想要突出或者主导画面的重要设计元素。三分法可以找到视觉兴趣点及平衡画面。将设计元素靠近四个交点中任意一个都会让这个元素更加突出，同样，元素距离交点越远，得到的注意力也将减少。使用三分法可以使设计保持良好的视觉平衡，同时还能保证元素之间的不对称状态，可以创造出更有张力、活力以及产生视觉兴趣点的设计画面，如图2-1-4所示。

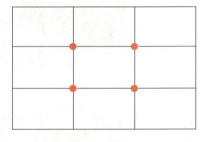

图 2-1-4　三分法

（2）黄金比例

平面设计的排版运用中，"1∶1.618"的黄金分割原理是世界范围内公认的构图原则，由这个比例创作出的空间赏心悦目。可以将其运用到图文位置和数量关系的处理上，其分割的页面比例关系容易引起人视觉上的美感。版式形式无论是以文字为主还是以图片为主，图文间的大小比例、图片间的大小比例、图文和空白之间的大小比例、甚至是标题和正文字体的大小关系都可采用黄金分割原理。例如正文字体字号为12号，则可用12乘以1.618，得到19.416，标题大小选择19号或20号就是比较合适的字体。采用"黄金分割"原理，可以避免凌乱，营造画面的秩序感，如图2-1-5所示。

（3）网格工具

网格是平面设计的重要工具，它可以提高设计速度，帮助确立视觉层级关系，加强设计的秩序感。网格工具广泛用于各类设计项目，如报纸、杂志、书籍、宣传册、传单和企业识别系统等，网格的结构由内容决定，根据不同的内容选择不同的网格。

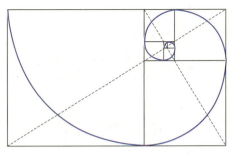

图 2-1-5　黄金比例

在建立网格之前，要对设计有一个整体的概念，明确并综合考虑图片和文字数量、页数、纸张的大小、设计目的等。一旦确定好页面大小和文字图片等内容后，就要开始布局文字和图片，可以先绘制一部分的草图进行图文编排的规划。

二、图文运用

1. 文字运用

图文设计中重要的组成元素就是文字，文字相对于图片来说可以传达更精准的信息，可以使读者快速有效阅读。文字的编排、文字的创意设计、文字的大小形式影响着人们对整个版式设计的视觉感官。选择合适的字体是设计中一个重要的环节，需要考虑受众群体、媒体媒介、字体的风格和特征等因素，需要考虑每种字体传达的感觉与信息，选择文字特征和文字内容相一致的字体。

一个版式设计中字体的样式选择不宜过多，一般不超过 4 种。字体过多容易杂乱，缺乏整体感，最好是一种字体是标题或主题文字吸引眼球，其他两种字体排列简洁、整齐、方便阅读，切勿三种字体都抢眼。

字体设计讲究视觉平衡度。可以采用变换字体大小、颜色、位置、方向的方法进行字体的加工变形和排列，通过改变字体大小、加粗、倾斜、加下画线、加底色等方法对个别文字进行强调，也可以通过对局部文字添加线框、底色或符号、正文首字放大等方法使其显得尤为突出和醒目，起到装饰和活跃版面的作用。

2. 图片运用

图片的表现力和真实感更强，更具有说服力，可根据设计内容主题选择图片、图片色调、主题、构图需符合设计内容。

（1）图片颜色

首先了解一下颜色的基础知识。色相是颜色的属性，有类别和深浅之分，如蓝色、红色、绿色或是黄色。饱和度就是纯度，即颜色的新鲜与黯淡。而明度就是颜色的深浅，明度越高，颜色越接近白色；越低则越接近黑色。颜色基础如图 2-1-6 所示。图片运用时需要强调色调，或以色相为主，或以明度为主，或以饱和度为主，抓住某一重点，使其占主要地位。

（2）图片关系

1）图片之间的大小关系。图片之间面积对比大则画面效果强烈，跳跃性强；面积对比小则画面效果平衡稳定。

2）图片之间距离关系。图片无间隙整齐排列，信息丰富；图片之间间隙越大，则视觉效果越平稳。

3）图片外观的影响效果。方形外观的图形较为严谨稳定；自由形外观的图片活泼有朝气，艺术性强，但处理不好容易效果凌乱。

4）"补形"方法的运用。有些时候版面中图片较少，为了追求统一秩序的美感，可以用和图片外观一致的色块进行补形，这些色块按照排版规律和图片有机地排列在一起，能增强版面的艺术性和趣味性，如图2-1-7所示。

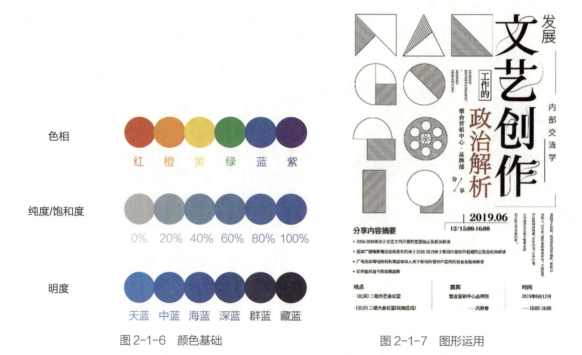

图2-1-6　颜色基础　　　　　　　　　图2-1-7　图形运用

（3）图片处理

一张淘宝首页图，里面的设计元素大多都多于1张图片。应用多张图片时就要对图片进行处理。进行抠图、裁剪、颜色的处理，确保视觉传达完整准确，做到删繁就简，裁剪适当，主题清晰明确。

图片处理要借助于软件，常用的PC软件如PS，手机软件有美图秀秀、Snapseed等。

图文设计软件也多种多样，PC软件如PS、AI，手机软件有黄油相机、Canva等。可以根据自己的需求进行选择，如图2-1-8所示。

图2-1-8　软件

典型案例

产品推广图文设计分析

图 2-1-9 为 AMG CLA 35 4MATIC 车型的宣传海报,但是此海报是以微信文章的形式推送的。文章阅读页面由 9 张图片组合而成,图 2-1-9 是拼接 3 张图片之后的视觉效果。不同于其他常规微信文章,此文章需要横屏阅读。

图 2-1-9　AMG CLA 35 4MATIC 海报

图片为主体,文字为辅的图文设计,视觉冲击力强,横屏阅读确保了良好的视觉体验。画面主题为 AMG CLA 35 4MATIC,以黄色作为主色调,副色调是灰色、黑色,点缀为红色,采用高饱和度低明度的配色方案,色彩搭配和谐时尚。黄色作为设计主体,凸显清晰,主题鲜明,如图 2-1-10 所示。

图 2-1-10　颜色设计

由于尺寸的限制,图文之间的编排采用网格工具进行设计,视觉层级关系清晰明确,信息传达准确,视觉感受强烈,体现品牌格调,如图 2-1-11 所示。

图 2-1-11　图文排版

实践操作

使用 Canva 制作新媒体图文设计

Canva 是一款在线平面设计软件，兼容多种平台，包括 Canva 网页版和手机应用。Canva 提供了海量的设计模板，千款中英文字体及千万版权图片和插画素材，选择喜欢的模板，通过简单的拖拽操作即可设计出海报、电商广告、名片、邀请函等各类设计图，适合零设计基础的人设计出好看的图文版式。下面以电商广告设计、微信公众号封面设计为例，演示 Canva 的网页操作。

1. 注册流程

输入网址 www.canva.cn，即可进入网站首页，单击右上角或页面左侧的"注册"，使用手机号或者邮箱注册账号。登录之后，进入创建设计步骤，如图 2-1-12 所示。

图 2-1-12　账号注册

Canva 提供了大量的免费模板和素材，可根据页面顶部导航条找到相应类目。根据不同类目，在"模板中心"选择你需要的模板。"素材库"里有图片和插画可以选择，可在相应风格下面选择收费/免费的素材进行下载；"玩转 Canva"里有操作教程、设计学院以便进行交流和学习，也能找到在线抠图、API、人像插画制作等特色功能，如图 2-1-13 所示。

图 2-1-13　模板中心

2. 网络电商广告设计

（1）创建设计

单击顶部导航栏右上角的"创建设计"，选择自己设计图的尺寸，可选择自定义尺寸，也可直接选择网站提供的尺寸，选择"电商 Banner"，进入编辑页面。尺寸的选择要与投放的媒介尺寸相匹配，手机端和 PC 端的尺寸是不相同的，如图 2-1-14 所示。

电商 Banner 是电商首页展示横幅广告，是互联网广告中最基本的广告形式，是网页中最显眼的地方，当店铺有活动时，一般以横幅广告的形式出现。以天猫汽车首页为例，展示的是天猫汽车百亿补贴活动横幅广告，如图 2-1-15 所示。

图 2-1-14　创建设计

图 2-1-15　天猫汽车首页

（2）工具介绍

进入电商 Banner 的编辑页面，创建的为空白页面，可以按照设计主题，对元素进行组合设计。工具栏在编辑页面左侧，使用工具栏中的模板、素材、文字、背景等功能进行页面设计，右上角的"下载"可导出文件。页面左上角的"文件"，有标尺、辅助线、复制等功能可供选择，也可对此设计进行重命名操作。另外此网站有自动保存功能，页面左上角有撤销符号,单击此符号可撤销上一步操作,如图2-1-16所示。

图2-1-16　编辑首页

单击左侧工具栏,在每一分类下面都设置了搜索界面,可根据设计主题的信息、颜色、风格、形状等进行搜索,快速选择自己想要的图片和素材。选择好自己想要的素材之后,直接将其拖动至设计页面,就可以使用,如图2-1-17所示。

 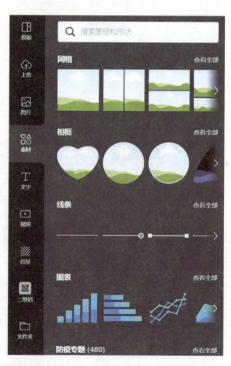

图2-1-17　图片和素材

(3)选择模板

借助于模板,可以提高设计速度,在工具栏"模板"分类下,选择适合设计主题的广告模板,修改设计元素,如图2-1-18所示。

图 2-1-18　选择模板

（4）图片及文字编辑

选择图片，将图片拖动至模板图片模块，即可自动替换成我们选择的图片，单击图片即可进入图片编辑，页面顶部有图片编辑操作，可对图片颜色、大小、位置、透明度进行编辑，也可给此图片添加跳转链接，如图 2-1-19 所示。

图 2-1-19　调整图片

文字编辑操作与图片编辑操作类似，将鼠标滑动至要更改的内容，出现蓝色虚线方框时，双击文字即可对文字进行更改。页面顶部可更改字体、字号、位置、特效等，如图 2-1-20 所示。

图 2-1-20　文字编辑

（5）下载导出

在页面右下角会有网站自带的水印，选中水印，按删除键直接删除即可。单击页面右上角"下载"，选择文件类型，单击下载，即可将此设计下载至浏览器下载界面，如图2-1-21所示。导出的电商Banner如图2-1-22所示。

图2-1-21　下载导出

图2-1-22　设计成果

3. 微信公众号封面设计

微信的公众号封面图会出现在订阅号消息信息流、订阅号列表、历史内容这些界面，好看的封面图能提高点击率和关注率。公众号封面图要符合文章题目及品牌形象。梅赛德斯—奔驰和宝马中国微信公众号封面图，多采用图片，且图片质量高，简约大气。

上文提到，文字的信息传递效果大于图片，因此在公众号封面图中加入文字，在众多的文章中可以起到强调作用，对人们进行视觉引导。下面以"买车决策权"为主题设计一款公众号封面图。

（1）新建设计

返回首页，单击"新建设计"，选择微信公众号封面，进入图文设计页面，如图2-1-23所示。

（2）选择模板

根据主题、颜色，选择适合的公众号封面模板。

（3）图片及文字更改

在图库里选择适合自己的图片，调整图片的大小及位置，如图2-1-24所示。

图 2-1-23　新建设计

图 2-1-24　选择图片

调整画面中的元素，确保色系统一，配色和谐，将鼠标滑动至方形图形，选中此图形，可对图形进行颜色、大小位置的更改，单击设计图上方的色块，可进入颜色选择界面。在颜色选择界面里有"图片颜色"选项，选择其中任意两种颜色搭配元素，就可以得到和谐的配色，如图 2-1-25 所示。

图 2-1-25　更改图形颜色

双击文字模块，进行修改文字，如图 2-1-26 所示。
（4）导出
单击下载，导出设计图，导出的公众号封面图如图 2-1-27 所示。

图 2-1-26　修改文字

图 2-1-27　设计成果

单元小结

1. 图文设计的基本形式有文字为主图片为辅，或者图片为主文字为辅。
2. 可以采用三分法、黄金比例法，或者采用网格工具进行图文之间大小、位置比例的确定。
3. 图文设计时要注意主题鲜明突出、留白恰当、图文的颜色搭配合理、创意设计。
4. 字体的选择需要考虑受众群体、媒体媒介、字体的风格和特征等因素。
5. 图片在运用时需要强调色调，或以色相为主，或以亮度为主，或以纯度为主。
6. 根据设计内容主题选择图片，图片色调、主题、构图应符合设计内容的体现要求。

学习单元二
新媒体视频及音频处理

情境导入

假设你是宝马汽车 4S 店的二手车销售人员，销售经理分配给你一项新任务，为店内新到的一款宝马 X1 2018 款 sDrive20Li 领先型拍摄一个性能评估视频短片，通过视频开展微信营销，请问你会拍摄视频吗？你知道如何使用剪辑软件剪辑视频吗？你知道怎么使用音频软件处理音频吗？

学习目标

1. 能根据视频主题撰写拍摄脚本。
2. 能使用专业器材拍摄视频。
3. 能利用 PC 视频剪辑软件剪辑视频。
4. 能利用手机视频剪辑软件剪辑视频。
5. 能利用 PC 音频剪辑软件剪辑音频。

理论知识

一、短视频

1. 短视频定义

随着新媒体行业的不断发展，短视频应运而生，并迅速发展。短视频是一种新型的视频形式，其视频长度较短，从几秒到几分钟不等，一般将时长为 5min 以下的视频定义为短视频。

2. 短视频特点

短视频融合了图片、文字、影片、语音的特点，可以更加直接、立体地满足用户的表达需求,其内容丰富,观赏性较强;相较于图文阅读而言,信息的获取方式更加直观、立体,传播速度较快,能满足移动时代碎片化的需求,具有一定的社交属性;与电视广告、网页广告等传统视频广告高昂的制作和推广费用相比,短视频创作门槛低,成本较低,维护简单;与其他营销方式相比,短视频具有指向性优势,可以准确找到目标受众,从而实现精准营销。

3. 短视频类型

目前,各大平台上的短视频类型多种多样,其针对的目标用户群体也各不相同,例如抖音主打区域为一二线城市,快手主打区域为三四线城市。根据短视频内容进行分类,结合汽车产品,目前互联网短视频内容大概分为以下几类。

1)广告营销类:新车、二手车、汽车用品、车展,如图 2-2-1a 所示。

2)实用技能类:汽车知识、用车知识、消费陷阱,如图 2-2-1b 所示。

3)导购评测类:车型解说、性能评测,如图 2-2-1c 所示。

4)搞笑人文类:安全、品牌历史。

5)职业类:赛车手、驾校教练等,如图 2-2-1d 所示。

6)访谈类:车主采访。

a)广告营销类　　　b)实用技能类　　　c)导购评测类　　　d)职业类

图 2-2-1　短视频类型

二、视频拍摄前准备

1. 设备

"工欲善其事,必先利其器",在制作短视频之前,应根据拍摄目的、投入资金等实际情况准备好各种设备。

（1）拍摄设备

视频拍摄设备多种多样，可根据每个人不同的拍摄需求及预算进行选择，最基础的需求就是要保证清晰的画质。预算较低可使用手机进行拍摄，现在的手机像素基本上都可以达到高清像素的标准。若预算足够，可购买专业的拍摄器材进行拍摄，如单反、微单、摄像机等，如图 2-2-2 所示。

专业器材普遍都能达到超高清像素标准，画面清晰度较好，功能多样，操作也相对复杂，但便携性不如手机，其品牌种类复杂多样，价格也不等，可根据自己的拍摄需求进行选择。

a）单反　　　　　　　　b）微单　　　　　　　　c）摄像机

图 2-2-2　拍摄设备

（2）稳定设备

视频画面的稳定性决定视频的品质，在拍摄时要保证拍摄画面的稳定。让画面保持稳定有多种方式，经验丰富的摄影师用正确的拍摄姿势也能保证画面的稳定，但对于初学者或长时间拍摄者，可借助相应的器材来达到画面的稳定，比如常见的三脚架、手机支架，如图 2-2-3a 所示。对于行走中的拍摄，要保持稳定可选用稳定器，例如云台，如图 2-2-3b 所示。若有一些俯拍、高角度拍摄时，可以用无人机进行拍摄。

（3）灯光及声音设备

摄影是光的艺术，灯光造就了影像画面的立体感，是拍摄中最基本的要素。在室外拍摄多采用自然光，选择顺光角度进行拍摄。若光线不足或光线较强时，需准备反光板、柔光箱、灯罩等照明附件进行辅助，从而达到想要的光照效果。若在室内拍摄，则需要配备必要的灯光照明设备，例如冷光灯、LED 灯、散光灯等。其中，散光灯常用作顶灯、正面照射或打亮背景。

拍摄时可多种光源多角度配合使用，以获得合适的画面效果。拍摄时若光线太强，曝光过度，后期无法补救；光线太弱，后期可以补救，但会影响画面质感，最好的方式是在拍摄时进行调整。

拍摄短视频时声音的清晰度很重要，在视频中声音可以选用拍摄时的原声，也可使用后期配音。视频中主角讲解时则需要现场收音，收音设备同样也有专业设备和平价替代之分。专业器材如传声器，如图 2-2-3c 所示，平价替代可使用手机和耳机配合进行录音。

图 2-2-3　稳定设备及声音设备

2. 场景

场地有室内、室外之分，有具体场景之分。场景要根据视频主题进行选择，场地要有代表性，与拍摄主题有关联性，符合主题要求，背景美观，无杂物，不穿帮。例如大部分的购车视频主题一般选用4S店为背景，汽车保养类的视频则选用维修车间为背景进行拍摄等。

3. 脚本

（1）脚本类型

脚本是拍摄短视频的指导性文件，是短视频作品的灵魂。短视频脚本一般分为拍摄提纲、分镜头脚本和文学脚本三种类型。短视频内容决定了脚本的类型。

拍摄提纲类脚本就是短视频的拍摄要点，用来提示各种拍摄内容，适用于不容易预测的场景拍摄。分镜头脚本要求细致，每一个画面都在掌控中，对镜头的要求要逐一写出来。文学脚本是在拍摄提纲的基础上增添了一些细节内容，将拍摄时的可控因素罗列出来，适合不需要剧情、直接展现画面的知识类短视频。

脚本的选择比较灵活，可单独使用，也可以结合使用，例如可以使用文学脚本把控短视频的主题，利用分镜头来把控节奏。

（2）脚本构成要素

脚本主要有8个构成要素，如图2-2-4所示。

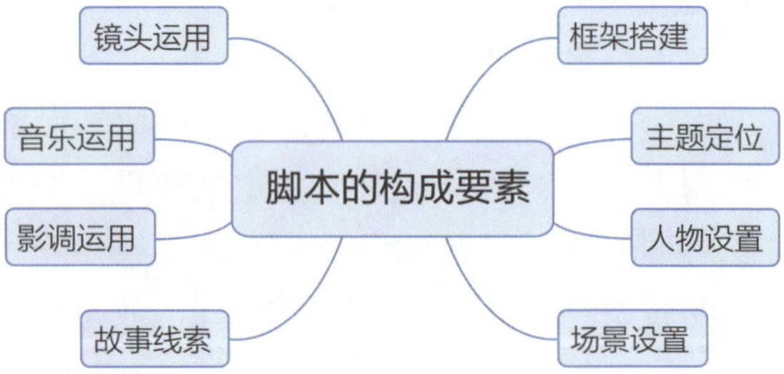

图 2-2-4　脚本构成要素

8大要素组成了一个短视频的全部，但如何打造一个优质的短视频，故事的叙述方式也很重要。对于广告类短视频，该如何提高转化率呢？这里有一个万能公式：找到痛点，解决痛点，提出产品卖点，最后号召大家购买。而一个知识类的短视频，如何在有用的基础上有趣呢？还是这个公式，加入剧情就可以演变为：建立冲突，化解冲突，故事反转，最后引导大家记忆或关注。

（3）脚本模板

根据脚本构成要素，制作了简单的二手车评估视频拍摄脚本，见表2-2-1。

表 2-2-1　二手车评估视频拍摄脚本

镜头	标记	场景	景别	镜头运动	主角	道具	内容	旁白配音	时长	备注
1	片头				宝马 X1	片头素材	旁白解说，出现三道工序文字	本车经过259项深度复检…	7s	
2	发动机检测	车间内景	中近	左移镜	检修师傅与宝马 X1	检修工具	拍摄检修师傅检测发动机的场景	车头发动机检测	5s	
3	车身漆面检测	车间内景	中近	右移镜	检修师傅与宝马 X1	检修工具	拍摄检修师傅检测车身漆面的场景	左右车身检测	5s	
4	内饰检测	车间内景	近	向下摇镜	检修师傅与宝马 X1	检修工具	拍摄检修师傅检测车内内饰场景	车辆内饰检查	6s	
5	底盘检测	车间内景	中近	向上摇镜	检修师傅与宝马 X1	检修工具	拍摄检修师傅检查车辆底盘的场景	车辆底盘检测	5s	
6	行李舱检测	车间内景	近	推镜头	检修师傅与宝马 X1	检修工具	拍摄检修师傅检查车辆行李舱的场景	车辆行李舱检测	6s	
7	轮胎检测	车间内景	近	右移镜	检修师傅与宝马 X1	检修工具	拍摄检修师傅检查车辆轮胎的场景	车辆轮胎检查	5s	
8	检测报告（片尾）				宝马 X1	片尾素材	检测报告内容、同竞品车型排名情况等	多轮严格检测后，检测报告出来了	8s	

三、视频拍摄

1. 画面构图

拍视频与摄影一样，同样讲究构图，构图能够创造画面造型，表现节奏韵律，传达给观众的是一种审美情趣。所以在拍摄时画面构图要遵循美学的原则，具备形式上的美感，被摄主体背景不能过于单一，被摄主体与陪体之间应该主次分明，注意画面之间的平衡。

常用的短视频拍摄构图法包括九宫格构图法、引导线构图法、对角线构图法和水平线构图法等，如图 2-2-5 所示。

a）九宫格构图法

b）引导线构图法

图 2-2-5　画面构图

c）水平线构图法　　　　　　　　d）对角线构图法

图 2-2-5　画面构图（续）

2. 景别

景别是指由于摄像机与被摄体之间的距离不同，而造成被摄体在摄像机中所呈现出的范围大小的区别。景别的划分，一般分为五种：远景、全景、中景、近景及特写。

就拿宝马汽车新品广告拍摄来说，宝马 X5 M 为被摄体，把整个汽车和环境拍摄在画面里，用来展示事件发生的时间、环境、规模和气氛的称为远景，如图 2-2-6a 所示。全景比远景更近一点，是把整个汽车展示在画面里，用来表现汽车的动作，或与人物之间的关系，如图 2-2-6b 所示。中景是取被摄体三分之二区域，有利于展现汽车流线型外观特点。近景是取被摄体三分之一区域，表现被摄体的局部动作，如图 2-2-6c 所示。而特写适合用来表现需要突出的细节，常用于展现汽车的内饰，如图 2-2-6d 所示。

a）远景

b）全景

3. 镜头语言

（1）定场镜头

定场镜头是短视频一开始，用来交代故事发生的时间和地点的镜头。一般用来交代故事的社会背景，为短视频奠定节奏，营造气氛和感情基调。可根据视频主题，结合故事情节、地理概念及具体场景进行拍摄。

c）近景　　　　　　　　d）特写

图 2-2-6　景别

宝马中国在抖音平台发布的 THE X1 宣传视频中，开篇以 2s 的地理方位定场镜头，点名本视频的主题"和真爱私奔"，如图 2-2-7 所示。

（2）空镜头

又称"景物镜头"，即在短视频中不出现主角的镜头，像写文章时的景物描写一样，经常用来介绍故事的环境背景，推进故事情节，产生借物寓情、烘托气氛、引起联想等艺术效果，具有说明、暗示、象征、隐喻等功能。

空镜头在汽车广告中运用也很常见，例如宝马中国在抖音平台发布的8系四门轿跑宣传视频中，开篇2s后引入跳水镜头，以推动故事情节，如图2-2-8所示。

图2-2-7　定场镜头

图2-2-8　空镜头

（3）分镜头

分镜头可以简单地理解成短视频的一小段镜头，就像是文章里的每一个句子，每个分镜头组成了一整个短视频。而与分镜头相对立的概念就是一镜到底。一镜到底是指一个镜头不中断，从头拍到尾的拍摄方式，而分镜头则可以通过不同视角、不同方面来展现拍摄主题。两者相较而言，分镜头拍摄方式可以让观众更全面、快速地了解被拍摄对象。对于汽车类视频，多采用分镜头的拍摄方式。

（4）流动的镜头

观众在观看短视频时所感受到的时间和节奏变化，都是由镜头流动产生的。短视频以镜头为基本的语言单位，而流动性就是镜头的主要特性之一。镜头流动性可以从两个方面获得，一是运动的被摄体，二是镜头的运动。对于经常在电视上投放的汽车广告而言，一般采用动静结合的拍摄方式，即"动态画面静着拍，静态画面动着拍"。拍摄汽车运动画面时，镜头可以静止不动；拍摄汽车外观及内饰时，汽车静止不动，这时可采用动态镜头来拍摄。

动态镜头会说话，也会表达情绪，这种镜头的运动也称为运镜。视频拍摄过程中有几种常用的运镜技巧，见表2-2-2。

表 2-2-2　运镜技巧

推镜头	拉镜头	跟镜头	摇镜头	移镜头	升降镜头	悬空镜头
被拍摄物不动，镜头由远及近向被拍摄物推进	人物不动，构图由小景别向大景别过渡	镜头跟随被摄体一起移动的拍摄方式	镜头对被摄体进行上下、左右、旋转摇动拍摄	镜头沿水平面做各个方向的移动拍摄	正对被拍摄物体，上升、下降拍摄	悬空拍摄，有时包括空中拍摄

四、短视频剪辑

1. 视频剪辑软件

剪辑短视频最基本的四个要素就是画面、声音、字幕、转场，现在无论是手机端还是 PC 端都能实现。手机上常用的视频剪辑软件有 VUE、剪映、剪影、一闪等，PC 端常用的视频剪辑软件包括 Premiere、EDIUS、会声会影、爱剪辑等。

2. 视频剪辑

视频剪辑是为短视频赋予第二次生命的过程，剪辑视频时要认真理解脚本，准确把握核心和重点。素材使用应符合视频主题，使用时注意版权问题。剪辑顺序根据视频特点选择，选择分段剪辑或按顺序剪辑。音乐起渲染气氛的作用，音乐风格要符合主题。养成制作时的好习惯，制作过程中随时保存源文件。

3. 片头与片尾

片头是短视频开场的序幕，片尾是短视频的尾声，具有个人标签属性。片头和片尾是短视频的重要组成部分，片头和片尾需体现出变化，不应完全一致。片头通常以引出短视频的主题开始，把观众带进故事；片尾则应回顾、渲染短视频主题，回应片头，引发观众的思考，也可采用总结性片尾，总结全篇。

五、音频的录制与剪辑

1. 音频录制

音频录制分为现场收音和后期配音。无论是前期录音还是后期配音，都可以使用专业录音设备录音，也可以使用手机录音。

手机本身的传声器就可以录制声音，但会有一定的杂音，在录制时可以加一个微型传声器。将画面和声音分开录制，最后合成的时候用计算机把原声去掉，加上单独录制的声音即可。专业设备同样如此。

2. 音频处理

音频剪辑一般用 Au 软件剪辑，Au 是一款堪称专业级别的音乐录制、制作软件，通常在 PC 端使用，如图 2-2-9 所示。声音的剪辑需要注意

图 2-2-9　Au 软件

整体性、协调性。音频录制时不管是用专业设备还是手机设备，录音时都不可避免地受到噪声的影响，所以在音频录制成功后，需要对音频进行降噪处理。下面就以 Au 软件为例，简单讲解声音的降噪处理方法。

第一步，导入需处理的素材；第二步，选取要消除的噪声样本；第三步，降噪处理。具体操作步骤如图 2-2-10 所示。

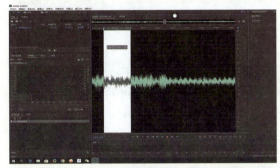
a）导入素材

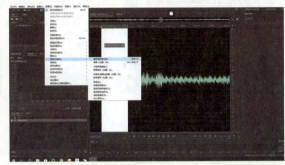
b）捕捉噪声样本

c）选取需要消除噪声的部分，单击降噪处理

d）降噪成功

图 2-2-10　声音降噪处理

典型案例

短视频解构分析

短视频需要在有限的时间内吸引更多的流量，结合时下热点是一种行之有效的方式。"梅赛德斯 - 奔驰"这一账号在入驻抖音平台后，一个月间收获 53 万粉丝，198 万点赞，除了本身的品牌效应以外，其发布在平台上的短视频质量也普遍较高，是学习的好素材。下面以发布的某短视频为例，对其进行解构分析，如图 2-2-11 所示。

视频解构分析是反向的学习方式，可根据视频解构出脚本，通过解构分析了解视频拍摄的基本思路，并加以学习。视频解构与脚本内容布局类似，由场景、景别、主角、内容、旁白及音乐等组成，见表 2-2-3。

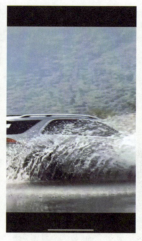

图 2-2-11　短视频截图

表 2-2-3　视频解构分析

梅赛德斯－奔驰短视频解构								
镜头	场景	景别	镜头运动	主角	内容	旁白及音乐	时长	解构分析
片头	朗读文本				旁白：宅了那么久，这个假期，我要重新踏上征途	旁白女声机械朗读	6s	点出痛点：疫情期间不能出门
1	外景	近景	静止	车主	车主上车，起动车辆	节奏感强烈的背景音乐开始播放	1s	解决痛点：开车出去旅游，经过公路、山路、水路，展现产品优势，四种驾驶模式随意切换，悬架根据驾驶模式选择而改变。具有一定的舒适性、动力性
2	外景	全景	固定	GLE	阳光明媚，SUV奔跑在公路上，展现品牌 logo	节奏感强烈的背景音乐及发动机轰鸣声音	11s	
3	外景	远景	固定	GLE	经过山路、湖边	节奏感强烈的背景音乐		
4	外景	特写	固定	GLE	将驾驶模式调节至越野模式	节奏感强烈的背景音乐		
5	外景	远景	固定	GLE	开始跋山涉水	节奏感强烈的背景音乐及涉水时的水流声音		
6	卧室	近景	固定	车主	车主被电话铃声吵醒	内容反转，铃声响起，原来是在做梦	3s	内容反转，铃声响起，原来是在做梦
片尾	朗读文本				旁白：GLE SUV 温馨提示，五一期间，建议减少外出，请采用"意念游"	旁白女声机械朗读	10s	发起号召：号召大家五一减少外出

实践操作

使用手机剪影软件剪辑二手车评估视频

"剪影"App 是一款全能、简易的手机视频剪辑软件,易于上手。使用"剪影"App 可以轻松对视频进行修剪、变速和配乐等操作,App 本身自带大量素材库,有大量热门视频剪辑模板可以套用,可以一键生成主题视频,还具有为视频添加滤镜、增添字幕、动画贴纸、视频特效、转场及调色,制作画中画、GIF 动画等功能,如图 2-2-12 所示。

下面使用"剪影"App 的视频剪辑功能,为一段素材进行简单的编辑操作,操作步骤如下所示。

1. 导入素材

在首页界面,单击剪辑视频,便自动进入导入素材界面,选择所需要的素材,单击"完成",进入编辑页面,如图 2-2-13 所示。

2. 选择画布尺寸

导入素材之后,首先确定画布尺寸,画布尺寸根据平台特点选择,单击"画布"选择适宜的尺寸,如图 2-2-14 所示。

a) 剪影首页　　　　　　b) 素材库

图 2-2-12　软件界面　　　　图 2-2-13　导入素材　　　　图 2-2-14　画布尺寸

3. 编辑视频

导入素材后,在没有选中视频的前提下,可添加背景、画中画,选择滤镜,调节视频画面的参数,例如亮度、对比度、饱和度等。选中视频后,将指针挪至剪辑部位,单击"分割",选择不需要的视频部分,单击"删除",就可以保留想要的视频画面,如图 2-2-15 所示。

图 2-2-15 视频编辑功能

选中视频后,还可以使用工具进行编辑操作,如调整播放速度,倒放视频,定格画面,旋转画面,复制视频等,如图 2-2-16 所示。

图 2-2-16 视频编辑功能

4. 添加字幕

单击添加字幕,输入所需要的文字,设置字体样式、颜色,单击应用全部。调节字体出现的时间,在时间轴上,字幕长度越宽,出现时间越长,如图 2-2-17 所示。

图 2-2-17 添加字幕

5. 添加音频

在未选中视频界面时，单击"音乐"，即可进入调节音频画面，如图 2-2-18 所示。

图 2-2-18　添加音频

可以导入提前录制好的音频，也可以单击"录音"，进行现场录制。单击"音效"选项，添加符合视频特点的特效音，如图 2-2-19 所示。

图 2-2-19　添加音频

6. 背景音乐的剪辑

首先导入背景音乐，"剪映"App 有大量的背景音乐库，可在其中选择适合视频主题的音乐，也可提取所喜欢视频的音乐，如图 2-2-20a 所示。导入音乐后对背景音乐进行调节，包括音量调节、出现调节、时长调节。

（1）出现调节

选择"淡入、淡出"功能，可使音乐出现及消失时不显得突兀，如图 2-2-20b 所示。

（2）音量调节

视频中出现人声及背景音乐声，即出现两种以上声音时，背景音乐的音量作为烘托气氛出现，不能喧宾夺主。若录制的视频画面有杂音，单击"关闭原声"选项，即可将视频中所有画面原声关闭，如图 2-2-21a 所示。

（3）时长调节

使用"分割"功能，即可获得想要的音乐时长，如图 2-2-21b 所示。

　　a）导入素材　　　　b）出现及音量调节　　　　a）关闭原声　　　　b）时长调节

　　　图 2-2-20　背景音乐剪辑　　　　　　　　图 2-2-21　背景音乐剪辑

单元小结

1. 短视频特点：内容丰富，观赏性较强；信息的获取方式更加直观、立体，传播速度较快；创作门槛低，成本较低，可实现精准营销。

2. 汽车短视频类型：广告营销类、实用技能类、导购评测类、搞笑人文类、职业类、访谈类等。

3. 视频拍摄脚本有三种类型，分别是拍摄提纲、分镜头脚本和文学脚本。

4. 常用的短视频拍摄构图法包括九宫格构图法、引导线构图法、对角线构图法和水平线构图法等。

5. 景别分为五种：远景、全景、中景、近景及特写。

6. 常用的运镜技巧有推拉镜头、跟镜头、摇镜头、移镜头、升降镜头、悬空镜头。

学习单元三
软文写作

汽车网络与新媒体营销

情境导入

如果你是某 4S 店的市场专员，因为新型冠状病毒的影响，导致 4S 店的市场销量大跌，厂商及企业要求市场部精心设计撰写软文并利用报纸、杂志、网络等各种载体进行宣传，通过软文来促进产品市场宣传度，同时刺激客户的购买欲望，增加网购和来店的客流量。作为市场专员的你，负责对某一品牌型号车辆的推广，要求在一定时间内设计并撰写软文。请问你知道什么是软文吗？你知道怎么撰写软文吗？你知道撰写软文的技巧吗？

学习目标

1. 能区分软文的定义、类别和特点。
2. 能熟知软文的结构和写作要求。
3. 能根据产品内容巧妙地选择信息植入点。
4. 能运用标题写作法设计具有诱惑力的标题。
5. 能根据产品特点和市场环境编写具有吸引力的开头。
6. 能选用软文结构类型编写主题内容。
7. 能根据产品特点和用户需求编写具有提升购买欲望的结尾。

理论知识

一、软文的定义

随着互联网时代的到来，软文在网络市场中起着举足轻重的作用。软文借助各种载体和途径，所呈现的内容可以在短时间内获得极佳的信息传播效果。渐渐地，软文已经成为目前市场产品信息传播的主要模式。具体而言，软文可以从狭义和广义两个角度来定义。

1. 从狭义的角度定义

在报纸、杂志等载体上进行纯文字性的广告宣传，即付费文本广告，如图 2-3-1 所示。

2. 从广义的角度定义

通过企业精心策划，即企业市场部或策划部以报纸、杂志或网络媒体为载体对外发布宣传信息，用于提升企业品牌形象及产品知名度。宣传形式多种多样，如新闻报道、案例解说、图片广告等，如图 2-3-2 所示。

图 2-3-1 期刊文字宣传

图 2-3-2 新车新闻发布

二、软文的分类

软文的宣传载体形式多样，如报纸、杂志及各种网络媒体等，共享性强，并且网络发布软文信息多数为免费，广受各类企业，尤其是中、小型企业的欢迎。

1. 按软文的性质分类

按软文的性质一般分为日志类、播报类、商业类和评价类。

（1）日志类软文

日志类软文是以某个网站作为载体，进行周期性、连续性的日常情况播报。撰写这类软文要注意按时、属实、突出重点。此类软文撰写相对繁琐，但非常能吸引客户阅读，让人有种"追剧"的感觉，如图 2-3-3 所示。

（2）播报类软文

播报类软文是对某条最新信息如实撰写的专题软文，通过陈述、分析或评价的方式传达目标信息。撰写这类软文要注意及时、属实、突出价值。对于重要信息和重大事件，必须第一时间播报，如图 2-3-4 所示。

（3）商业类软文

商业类软文是对产品或服务的亮点和优势进行撰写。撰写这类软文要注意及时、点睛、突出设计。此类软文主要是为了引起读者参与、购买或合作等欲望，最终目的是出售产品或添加增值服务，如图 2-3-5 所示。

（4）评价类软文

评价类软文是通过经验交流或引用典型案例来进行议论、赞美或批评的软文，针对性较强。撰写这类软文要注意属实、注重字眼、突出论点。此类软文在吸引读者的同时，难免会成为一把"双刃剑"，如图2-3-6所示。

图2-3-3　日志类软文

图2-3-4　播报类软文

图2-3-5　商业类软文

图2-3-6　评价类软文

2. 按软文的形式分类

按软文的形式一般可以分为新闻型、故事型、访谈型、促销型和情感型。

（1）新闻型软文

新闻型软文与按性质分类的播报类软文类似，是利用新闻事件进行信息宣传的软文。撰写这类软文要注意属实、时效、具有说服力。此类软文能让读者深信信息并产生联想，用于提高品牌或产品的知名度，如图2-3-7所示。

（2）故事型软文

故事型软文就是把产品信息融入一个完整的故事。撰写这类软文要注意叙事、完整、具有暗示性。此类软文利用"光环效应"潜移默化地给读者一个心理暗示。如，《面包传奇——关于大众经典面包车T1的故事》让读者了解品牌的历史文化，对品牌留下深刻印象，如图2-3-8所示。

图 2-3-7　新闻型软文

图 2-3-8　故事型软文

（3）访谈型软文

访谈型软文主要是围绕某个问题进行自问自答。撰写这类软文要注意常识、有效、具有吸引力。此类软文应让读者认可这个问题，被这个问题吸引，引起关注，切记不能胡乱编造，否则会适得其反，如图 2-3-9 所示。

（4）促销型软文

促销型软文是一种具有"比较""影响"、"感染"等多种效应的软文。撰写这类软文要注意图文、亮点、突出对比性。此类软文能引起读者的心理变化，产生尝试、购买的欲望，如图 2-3-10 所示。

图 2-3-9　访谈型软文

（5）情感型软文

情感型软文是将美好、温馨的内容融入产品信息中的一种软文。撰写这类软文要注意实在、深情、具有感染力。此类软文直攻读者内心，最终达到打动读者消费的目的，如图 2-3-11 所示。

图 2-3-10　促销型软文

图 2-3-11　情感型软文

3. 按软文的载体形式分类

按软文的载体形式一般可以分为平面媒体、论坛、博客、微博、微信、网店和视频。

（1）以平面媒体为载体

此类软文通常没有明显的产品信息，类似于新闻报道的形式。主要采用通讯、访谈、报道、咨询、评论、消息、科普等方式进行宣传，如图 2-3-12 所示。

（2）以论坛为载体

此类软文形式多样，可以综合文字、图片、视频甚至按需要加入链接，多用网络流行语来引起读者的关注，关键词在这类软文里起到了一定作用，如图 2-3-13 所示。

图 2-3-12　以平面媒体为载体

图 2-3-13　以论坛为载体

（3）以博客为载体

此类软文应符合圈子文化，一般图文并茂，字数控制在 800 字左右，尽可能把表达的产品信息阐述透彻，如图 2-3-14 所示。

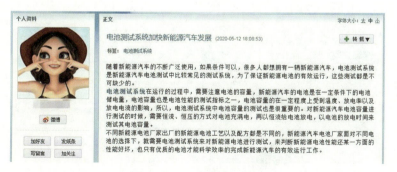

图 2-3-14　以博客为载体

（4）以微博为载体

此类软文属于博客的浓缩版，受字符数限制，不仅要压缩文字，还要充分体现产品的特点和卖点，撰写颇有难度，如图 2-3-15 所示。

图 2-3-15　以微博为载体

（5）以微信为载体

此类软文一般通过微信公众平台或朋友圈进行产品对外宣传，宣传对象则是微信中的好友群。由于大部分都是熟人，这类软文内容相对可靠，也更容易被关注，如图 2-3-16 所示。

（6）以网店为载体

此类软文通过淘宝、汽车之家、网易等网店进行产品信息的对外发布。要求数据清晰、图文并茂，甚至部分知名的网店会给产品的宣传和促销效果锦上添花，如图 2-3-17 所示。

（7）以视频为载体

此类软文通过"抖音""快手"等短视频或各大网站的微视频进行产品信息的对外发布。要求视频内容精炼，能在几十秒内夺人耳目，几分钟内沁人心脾，如图 2-3-18 所示。

图 2-3-16　以微信为载体

图 2-3-17　以网店为载体

图 2-3-18　以视频为载体

三、软文的特点

软文表现形式千姿百态、形式多样，不拘于文体，具有丰富的内容，能非常完整地传递信息。目前，从网站论坛、博客文章、媒体新闻到网络视频等，从专题到娱乐、从影视到游戏……几乎遍布每一个角落，使大部分网络用户都成为潜在的消费者。软文主要有以下特点。

1. 可信度高

内容属实、制造信任，巧妙地弱化或规避了广告的强制性和灌输性行为，将主要目标定位在读者的消费心理，投其所好，引起注意。然后用细腻、生动、幽默和极具亲和力的文字描述来打动读者，时刻以读者为中心，处处为读者着想，易于被读者接受。

2. 渗透性强

内容从侧面描述，极为巧妙地嵌入，用新闻资讯、话题评论、情感故事等各类方式呈现，无处不在地体现着企业文化和产品特征。虽然宣传目的没有明显地表露，但能让读者潜移默化地产生联想、感想及思考，逐渐被感染，直至产生消费行为。

3. 互动便捷

在网站、论坛、博客、微信、抖音等新媒体里都能进行预订、交流、下单、评价、建议甚至投诉等各种活动。同时，提供软文的企业在后台可以很快地采集客户的基本信息及统计互动数据，形成利于企业市场分析的效果报告，便于及时进行策划调整和售后服务。

4. 效益显著

最大的优势在于性价比高、信息量大、不受时间限制，可以在较多的载体上永久存在。通过网络整合、关键词的相互关联实现了非常好的搜索效果，达到信息的二次传播，甚至利用大型门户网站及各类相关频道进行引用和转载，实现大范围传播。

5. 有别于硬广

硬广就是在电视、报纸及各类网络媒体上单纯地进行产品宣传的广告。软文与硬广相比，其精妙之处在于"软"字，好比"绵里藏针、收而不露，春风化雨、润物无声"。当读者发现这篇软文是自己的"菜"时,已经冷不丁地掉入如此精妙的软文"陷阱"里,这一切都来自企业精心的策划和微妙的撰写,如图 2-3-19、图 2-3-20 所示。

图 2-3-19　汽车硬广

图 2-3-20　汽车软广

6. 有别于新闻

新闻就是在电视、报纸及各类网络媒体上用最新、最及时的言语极其规范地报道。软文与新闻相比,其最大不同就在于言语"网络化",可以在网站、论坛、博客、微信、抖音等各类新媒体里随时发布,借助图片、符号、网络流行语进行修饰,达到产品信息宣传的效果,如图 2-3-21、图 2-3-22 所示。

图 2-3-21　汽车新闻

图 2-3-22　汽车软文

四、软文写作的结构与基本要求

软文写作是针对某种产品或服务,通过借鉴新闻写作、公文写作、文学创作的方法和形式来吸引读者的注意,在给读者提供精神食粮的同时,把企业文化、产品特点深深映入读者的内心世界,最终达到软文营销的目的和效果。

1. 软文的结构

世界千姿百态,软文的表达方式更是丰富多彩。软文既然以文章的形式来表现,那就自然具备了文章的一般结构。文章的基本结构即"起—承—转—合":

起:文章的开头,即总起或引出。

承:中心思想的传承,即承上启下。

转:内容的传播,即影响力度。

合:文章的总结,即中心思想的强化。

软文的结构表现形式无非也就三个部分:标题、正文和结尾。

2. 软文写作的基本要求

对于软文写作，首先，要熟悉产品、搜集资源、读懂材料，弄清阅读对象的层次，提炼宣传内容的主旨。其次，要能灵活运用文化历史、生活故事去分析和解决问题，增强软文的时代感和亲和力。最后，用精简、生动的语句来浓缩产品精华，拉近产品与读者之间的心理距离，消除陌生感、增加信任感，通过情感交流增强读者的购买欲望，达到顺利营销的目的。

提炼软文写作的几个要点：实在、新颖、易懂。

实在：软文内容必须实事求是，尊重现实，真实准确。软文所提供的信息对读者要有一定的价值和用处，能够带给读者需求和帮助。

新颖：软文无论从表达形式还是内容体现上，都应当让读者"眼前一亮"，能引起读者强烈的好奇心。这关键就在于软文要有很强的时效性，比如企业开张、品牌上市、限时优惠甚至明星事件等产生的"网红""同款"等，可以在短时间内提升企业形象和产品知名度。

易懂：软文内容应通俗易懂、言简意赅、生动形象，也可以图文并茂，让观众一目了然、不言而喻。写作时注意适当描述，切忌张扬。

典型案例

一、诗和远方的梦想，上下班和自驾游，怎么选？

好不容易熬到了"五一"小长假，不少朋友都想着去自驾游，这不就有朋友在咨询"五一"去凤凰古城和张家界自驾游的情况，如图 2-3-23 所示。

相信每一个朋友都有一个诗和远方的梦想，然而又要考虑到平时上下班的需求。

说到自驾游，最好能够开着一辆质量比较好的 SUV，空间大、视野好，再加上足够的舒适性配置，一路走来

图 2-3-23 朋友咨询聊天记录

可以说是比较惬意的。最好是自动档车型，以免因为路况不熟而出现意外。有一次外出租了一辆手动档的车，出停车场时起步一直熄火，一想到第二天还要爬山路，担心得一晚上都没睡好觉。

考虑平时上下班的话，车辆尺寸也不需要太大，毕竟过大的空间会导致过高的油耗。同时如果车辆本身能够省油的话就更好了。

综合以上考虑，在这里推荐厂商指导价分别为 14.98 万元的领克 02 2019 款 1.5T DCT 两驱劲 Pro 版和 14.10 万元的哈弗 H6 2020 款 2.0GDIT 自动 GT 劲擎版，经销商还会有数千元不等的优惠，大家不妨去看一下，如图 2-3-24、图 2-3-25 所示。

图 2-3-24　领克 02　　　　　　　　图 2-3-25　哈佛 H6

说到这里,大家是不是对追寻自己的诗和远方更加心动了呢?如果你手头上正好有这么一笔预算的话,不妨考虑一下,平时上下班和假期自驾游都不耽误,精致美好的生活接踵而至。想想都觉得有些小兴奋呢!

案例分析:按软文的形式分类,此案例为故事型软文。

1. 以生活为亮点

以日常生活中发生的小故事作为突破点是汽车类软文营销中最为常见的一种模式。一般以代步、工作、自驾游等内容在生活小故事的末尾进行推荐或介绍汽车产品,从而吸引读者实施挑选和购买行为。各大汽车品牌之间的竞争激烈,每个品牌、每款车型都有其独特的性能、空间和价位,取长补短地解决故事中所体现的问题,能迅速引起读者思考,达到成交率的效果转化。

2. 以产品为根基

产品永远是汽车类软文营销的根基,突出产品的特性和卖点,让读者能够快而清晰地了解产品的主要信息。案例中对"领克 02 2019 款"和"哈弗 H6 2020 款"的价格、动力等方面做了简单介绍,再加上图片显示出的车型外观,能迅速抓住读者的眼球,吸引读者去深入了解这两款车的具体信息,又一次达到成交率的效果转化。

二、上海西上海众达,福利来啦!

这是一个微信汽车软文营销案例,如图 2-3-26 所示。

案例分析:按软文的形式分类,此案例为促销型软文。

1. 以价格为亮点

案例中"购车即赠5800元大礼包""99抵2800""特价车专栏"等关键词能迅速抓住读者的眼球,达到成交率的效果转化。

2. 以活动为载体

以活动为载体能扩大汽车类软文营销的影响力,类似的活动有很多,如免费试乘试驾、到店抽奖、征集车名、消费满送等。案例中当读者一看标题就会发现这是一个活动,同时就会联想起促销、打折、降价等系列优惠,案例中的"'惠'大有不同""转发集赞礼""不见不散"

图 2-3-26 微信汽车软文营销《上海西上海众达，福利来啦！》

等关键词能激起读者来店参与活动的欲望，最终参与活动达成交易。

实践操作

一、产品信息的巧妙植入

对软文接触较多就会发现无论是在期刊、报纸还是互联网上，有很多信息都可以被纳入软文的范畴，其原因就是在文章中植入了广告信息。如何巧妙地植入产品信息可是一门学问。接下来介绍三种方法。

1. 在文章的情节中巧妙植入

如典型案例中案例一，这种植入方式也可称为"水到渠成式"。在文章中阐述事情的发展、经过和结局时，就可以尝试在内容里植入产品信息。比如故事型软文中，讲到美食，植入店铺信息；讲到自驾游，植入车型推荐；讲到育儿，植入早教产品；讲到情感，植入婚庆公司。

2. 在文章的图片中巧妙植入

如典型案例中案例二，这种植入方法也可称为"强行植入式"。一张图片无论大小，不但吸睛更能让人一目了然，可以尝试在图片里面植入产品信息。比如，在促销型或情感型软文中，设计"福利来啦！"标题，加入"分享积赞"等关键词。

3. 在文章的结尾处巧妙植入

在结尾处有一种更微妙的植入，叫作"神转折式"植入法。相比前两种方法，这种方法不显生硬。比如，在新闻型或访谈型软文中，在某汽车厂商新闻结尾处引出新款车型上市的消息；在某项汽车技术公开介绍的结尾处引出该技术用在哪几款车型上，如图 2-3-27 所示。

总的来说，前期构思是软文写作至关重要的第一步，如图 2-3-28 所示。

图 2-3-27　文章结尾处的巧妙植入

图 2-3-28　前期构思

二、充满诱惑的标题设计

俗话说"看书看皮、看报看题"。软文的标题要能表明主旨、抓住要点、吸引读者，才能被读者记住，广为流传。总结标题写作的五法十二式如图 2-3-29 所示，提炼了标题的四大作用：引起注意、受众选择、传递信息、促动阅读。下面举例说明。

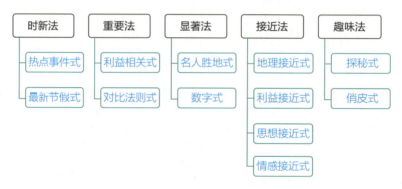

图 2-3-29　五法十二式

1）如图 2-3-9 所示，"车载 GPS 导航仪品牌哪个好"属于"重要法"中的"对比法则式"。大家选购导航仪时遇到的问题，要不就读读全文了解下？说不定就会让读者心中确定了某个品牌的 GPS 导航仪。

2）如图 2-3-7 所示，"一汽丰田双车上市再创家轿新传奇"属于"趣味法"中的"探秘式"。"传奇"在哪？感兴趣、想知道，赶紧读全文，读完说不定就去实体店看车了。

3）如图 2-3-10 所示，"周年盛典"属于"接近法"中的"利益接近式"。一年一次，再往图片下方一看，"到店礼""购车礼""购车介绍礼"，最后还有一个"惊喜礼包"，心动不如行动，赶紧去实体店一看究竟。

4）如图 2-3-18 所示，属于"时新法"中的"热点事件式"。宝马官方抖音中 X6M 新车型的视频做得真炫酷，果然是高端品牌；这个视频的解说员听说水平很高，那就看看"江铃福特"这款新车视频介绍吧。

千姿百态、充满创意的标题设计，这里只介绍以上四张图片中的标题设计意图，本单元剩余图文中的标题就留给大家在课后慢慢细品。

三、好的开头等于成功的一半

开头在软文中有着特殊的地位，就好比是软文的"一双眼睛"，看它能否成功地吸引读者。一篇成功的软文就要从一个好的开头写起，开头质量的高低会直接影响软文的整体档次。软文的开头方式多种多样，一般常用的方式有直入式、思考式、故事式、联想式、修辞式、摘录式等。

1）如图 2-3-2 所示，"心强自锋芒——全新朗逸新车发布会"中开头用几句话直奔主题，引出软文中的人、事或物。这种直入式的开头方式以极快的速度切入中心，用较为平凡、朴实的语句将所要表达的产品内容告知读者。

2）如图 2-3-6 所示，"高配置决定一切呀！"，难道高配置真能决定一切吗？读者看了之后就会产生思考，有人会相信，也有人会怀疑。思考式的开头方式可以用问句、感叹句作为标题，形式自由洒脱，不拘一格，能直接引起读者的思考，吸引读者阅读软文的具体内容。

3）如图 2-3-11 所示，"从玩转球场到玩转世界"，林肯汽车品牌的这则软文从画面设计上就会让读者产生联想：球场是如此充满活力和激情；球场是如此视野宽广和壮观；球场赋予着一支球队、一个国家神圣的使命，隐隐显露着林肯汽车品牌文化、外观和内饰、动力性和舒适性。

四、妙笔生花的正文是迈向成功的关键

软文正文的写作要求以诚相待、尊重读者；之人缮写、润物无声；突出特点、力求新颖。写作时应注意内容特点、字数合理、段落清晰、适度宣传，要时刻保持对生活的热爱、对新事物的兴趣、对新现象的敏感，大胆创作才会写出高质量的软文内容。

1）如图 2-3-7 所示，这类新闻型软文以"再创家轿新传奇"标题来吸引读者，正文内容直接在第一时间报道了丰田汽车品牌两款新车上市的消息，同时包含了车辆信息介绍、客户试驾体验、新老车况对比等内容，简洁明了地显示了产品的重要信息。

2）如图 2-3-8 所示，这类故事型软文的正文讲述了德国大众品牌，让读者从文化故事、历史发展中对德国大众品牌产生认知和好感，从而影响到现在对大众品牌的看法。目前确实有很多消费者因此而成为大众汽车品牌的忠实粉丝。

3）如图 2-3-9 所示，这类访谈型软文以问句标题吸引读者，正文内容来自被采访的各类客户群体所反映的与产品相关的信息内容，内容形式多样，有正面的和负面的双向评价，非常值得读者去仔细阅读和思考，引导读者去购买适合自身使用的产品。

五、没有好的结尾将令客户为之遗憾

一篇优质的软文不仅需要有新颖、别致的标题和开头，更需要有一个让读者意犹未尽、契合心理需求的结尾，好的结尾会使这篇软文有质的飞跃。结尾的写法不能繁杂、造作，要

与开头和正文浑然一体、铿锵有力，留给读者想象和联想的空间。通常，结尾一般包含企业产品名称、网站咨询链接、产品购买方式、服务联系方式等内容。一般运用水到渠成法、画龙点睛法、名言警句法、设置悬念法、直抒胸臆法、号召倡议法、文明礼仪法等。

1. 水到渠成法

如图 2-3-26 所示，"福利来啦"软文中"购车即赠 5800 元大礼包""99 抵 2800""特价车专栏"说明了各类优惠政策和促销活动，怎么获得？去哪里参与活动？软文的结尾就告诉了你："4 月 25 日西上海众达与您不见不散"。

2. 画龙点睛法

图 2-3-18 所示是一个以视频为载体的软文介绍，几分钟的视频介绍将江铃福特这款车型各大性能凸显了出来，在结尾处"比翼虎大还比翼虎便宜"的关键句，起到了点睛之笔。对中意于性价比和空间舒适度的读者来说，可能只需要看视频结尾处，就会被深深吸引。

3. 直抒胸臆法

如图 2-3-16 所示，"西上海众达车队迎接援鄂返沪医疗队员平安回家"，新型冠状病毒无情地夺走了许多人的生命，在这危急时刻，白衣天使们挺身而出、不畏死亡、冲入一线，为灾区送温暖、送希望。软文中"你守护大众，大众守护每一个你"直接表达了人间真情。

单元小结

1. 软文按性质一般分为日志类、播报类、商业类和评价类。
2. 软文按形式一般分为新闻型、故事型、访谈型、促销型和情感型。
3. 软文按载体形式一般分为平面媒体、论坛、博客、微博、微信、网店和微视频。
4. 软文的特点：可信度高、渗透性强、互动便捷、效益显著、有别于硬广、有别于新闻。
5. 软文的结构和要点：基本结构即"起—承—转—合"，基本要点为"实在、新颖、易懂"。
6. 软文的写作步骤：产品信息的巧妙植入；充满诱惑的标题设计；好的开头等于成功的一半；妙笔生花的正文是迈向成功的关键；没有好的结尾将令客户为之遗憾。

学习单元四
H5 制作

情境导入

假设你是某 4S 店的销售人员，销售经理分配给你一项新任务，为店内新到的 T21 车型制作一个产品推广 H5，通过 H5 开展微信营销，请问你了解 H5 吗？你知道如何使用软件制作 H5 吗？

学习目标

1. 能准确区分 H5 的类型。
2. 能根据品牌需求制作 H5 脚本。
3. 能使用手机软件制作展示型 H5。
4. 能使用手机软件制作交互型 H5。
5. 能使用手机开展 H5 营销。

理论知识

一、认识 H5

1. H5 定义

H5 是伴随着移动互联网兴起的一种新型营销工具，具有移动互联网的营销优势，如娱乐化、碎片化、社会化、互动性强等。互动性是 H5 营销的独特优势，其他营销方式如视频营销、网站营销等信息传递模式多为单向传递，而 H5 更偏重双方的互动和分享。因而现在的 H5 已成为各行各业必不可少的营销工具，它可以帮助企业更好地吸粉引流、销售产品。

"H"指的是 HTML，它是超文本标记语言（HyperText Markup Language）的英文缩写，以网页的形式呈现，我们上网看到的网页，多数都是由 HTML 写成的。"H5"是 HTML 发展历程的第 5 个版本，由万维网联盟推荐确立。它是一种准则、标准，不是一项技术，而是各项技术的合集。

其主要功能包括语义、离线与存储、设备访问、链接、多媒体、3D 与图形以及动画、互动行为等，可以用于网页端与移动端的连接，让用户在互联网上也能轻松体验各种类似桌面的应用，微信小程序就是符合 HTML5 标准的页面，图 2-4-1 所示为宝马中国官方商城的微信小程序界面。

图 2-4-1　微信小程序

现在互联网上看到的网站页面基本上采用的都是 HTML5 标准。随着互联网技术的发展，对 H5 的定义已经不仅仅是一种标准，也就是说 HTML5 不等同于 H5，通常将能在移动端上呈现动画效果、音乐、视频播放，用于互动、广告、营销的，有酷炫效果的网页，称之为 H5 页面，简称为移动端 PPT。之前火爆朋友圈的支付宝年度账单就是典型的 H5。

2. H5 特点

H5 除了具有移动互联网营销优势以外，还具有以下特点：

（1）品牌性

H5 营销活动的策划一般来说是围绕一个特定主题开展的，与企业的品牌形象相贴合，体现其品牌的特性。

（2）本地存储性

H5 的启动时间低于 App，只是一个页面，不占据本地内存，不依靠第三方浏览器插件，携带灵活，也可以给小容量的智能设备带来更好的视听体验。

（3）跨平台性

用 H5 技术制作的页面或者应用可以轻松兼容各种终端和设备，如 PC 端与移动端、Windows 与 Linux、Android 与 iOS 等。可以有效降低开发与运营成本，为企业与创业者带来更多发展机遇。

（4）交互性强

H5 包含多种交互方式，除了基础的翻页功能以外，还有点击、输入文字、擦除屏幕、滑动屏幕等多种交互方式，此外还有游戏、购物功能等。

（5）营销转化率高

营销的目的就是增加产品营业额，与传统营销方式相比，H5 更易推广，由信息浏览至客户下单，H5 的转化程度较高，能更好地激起用户的阅读和分享欲望。

（6）维护简单

H5 只是一个网页，后期维护简单，相较于传统宣传方式，其成本较低。随着 H5 营销的流行，H5 制作工具操作简单，下载工具就可以制作 H5，门槛较低。

（7）传播快

手机是 H5 生存、发展的载体，依托微信、QQ、微博等社交软件，H5 的操作越来越自由、简便，同时也更加容易推广和爆发。一个优秀的 H5 营销，可以在短时间内实现上亿次的病毒式传播。

3. H5 类型

H5 的功能多种多样，被称为移动端的 PPT，按照其功能进行分类，H5 主要分为以下几种类型。

（1）展示型

静态展示级的 H5 页面主要用来展示各种信息，效果与 PPT 类似，制作好每一个静态画面，选定每一个元素的显示效果，添加页面与页面之间的切换效果，也可添加视频等，常用于婚礼请柬、优惠促销活动推广等。宝马 MINI 的 H5 优秀案例"颜色是一首诗"，将汽车的颜色与诗结合，展示宝马 MINI 定制特点，如图 2-4-2 所示。

（2）交互型

交互型的 H5 场景应用主要通过各种视频、动画元素来加强画面的交互性，具有传播速度快的特点，具体交互方式有选择、输入文字、擦除屏幕、滑动屏幕、游戏、购物等，交互方式多种多样。交互型 H5 让顾客也参与到营销活动中，提升用户的参与感，增加了 H5 营销的趣味性，利于 H5 的传播。

图 2-4-2 颜色是一首诗

雪佛兰汽车曾发布一个典型 H5 案例"探界者探见千里江山"。其主要目的是推广新车型探界者，将中国山水画与此车型相结合，采用了游戏按钮和截屏的互动方式，按住按钮汽车向前行进，松开按钮开始截屏获取壁纸，让用户全程参与整个过程，期间加入车型的特点展示，突出体现探界者车型亮点：全景天窗、越野模式、互联网操作等功能。这种交互方式新颖有趣，加上中国山水画，画面优美，在游戏过程中达到产品推广的目的，吸引了大波流量，如图 2-4-3 所示。

图 2-4-3　探界者探见千里江山

（3）游戏型

游戏型 H5 具有很强的互动性，支持用户的互动参与，通过休闲有趣的方式，让品牌与用户实现互动，更加容易被用户接受。游戏型 H5 讲究的要点就是"玩"，将品牌元素融入 H5 游戏，强调用户体验。游戏一般具有一定的挑战性，显示排名，游戏通关过程中加入奖励机制，还能带来二次消费，增加营销转化率，激发用户传播。

福特汽车推出的"挑战福克斯弯"H5 游戏，采用赛车游戏场景，设置 6 个通关难度，三个按钮操作，提出奖励口号"挑战福克斯弯，赢取福克斯车模"，在游戏页面内，以推广车型福克斯命名赛道，达到推广目的，如图 2-4-4 所示。

（4）技术型

技术型的 H5 场景应用主要是运用各种炫酷的技术作为卖点，吸引人们关注和使用，不同的技术可以实现不同的 H5 动态效果，而且这种类型的 H5 看上去更具档次，除了需要美工设计参与外，还需要掌握专业技术的人员来开发，搭建出更高层次的 H5 营销场景。

雷诺汽车推出的"Renault Espace Visualization"H5 推广，采用黑白灰为主色调，汽车形象由 3D 技术制作，VR 画面与 720° 全景展示汽车外观和内部，画面逼真，神秘大气，突出雷诺太空这一车型的典型特点，如图 2-4-5 所示。

图 2-4-4　挑战福克斯弯

图 2-4-5　Renault Espace Visualization

（5）模拟型

场景模拟型 H5 主要通过真实营造某种特定场景，如来电、朋友圈以及微信消息等，让用户置身于这些场景中，给他们带来亲临现场的感觉，从而实现 H5 的交互和传播效果。

东风集团发布的"神秘网红带货 PK 赛"H5，就是通过模拟淘宝直播 PK 的模式，推广风神奕炫车型，画面以二维动画的方式呈现，模拟淘宝直播界面，解说搞笑有趣，有较强的代入感，如图 2-4-6 所示。

需要说明的是，H5 营销的核心是品牌营销，优秀的 H5 案例都是基于品牌的内核。除此之外，一个优秀的 H5 案例往往是多种类型的综合，比如雪佛兰的"探界者探见千里江山"就采用了展示、交互、模拟这几种类型；宝

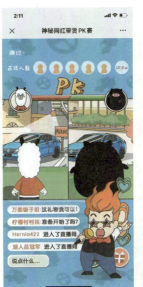 

图 2-4-6　神秘网红带货 PK 赛

马 MINI 的"颜色是一首诗"采用了交互和展示两种类型。H5 基于多种技术实现，类型当然不仅限于以上几种，要想制作容易被大众接受、吸引用户眼球、形成病毒式传播的 H5，就要掌控时下流行的核心技术，寻找更丰富多彩的创意设计，寻找更行之有效的营销新模式，打造更优质的 H5。

二、H5 设计

1. H5 的内容设计

优秀的 H5 营销，技术的把握、创意与文案的优化、传播的执行都不可或缺。多种多样的形式，都是在技术层面上的体现。但无论形式如何变化，吸引人的始终是内容。互联网是东风，拓宽了信息传播途径，但不会改变内容营销的重要性。从内容上看，该如何打造一个爆款 H5？需要注意以下几个方面。

（1）明确 H5 营销目的

每一个营销活动都要有明确的目标，目的不同，H5 营销的侧重点也不一样。如，市场预热与产品推广，存在先后的时间顺序，后者的 H5 营销重点在转化率上。而 H5 营销目标，取决于品牌方的要求，但也遵循市场规律，一般分为四种：品牌引流活动，轻松打造流行品牌；品牌推广活动，全面传达品牌调性；品牌认同活动，加强顾客品牌认知；品牌维护活动，巩固品牌市场地位。

（2）满足用户需求

用户的核心需求就是必须要为用户解决的问题。往往可以分为硬性需求和情感需求两方面，一个优秀的 H5 需满足这两方面的需求，用户才能进行主动的传播。

硬性需求是在营销过程中用户的实际需要，例如买车时的优惠推广信息。而情感需求，

其实就是使用户在观看 H5 时能产生情感共鸣，情感共鸣是吸引用户注意力的绝佳方法，同时也能够有效地带动用户的情绪。在 H5 营销中，触动情感、调动情绪是走进用户心里的一扇关键之门。

（3）正确的信息触点

H5 具有时效性。相关数据统计显示，一个页面的热门时间通常在发布后的两周内，这个时间可以说比较短。因此，在设计 H5 时，应尽量抓住并结合当下的社会热点尽快上线，提高 H5 的点击率，把握正确的信息触点，善于利用话题效应让 H5 短时间就火爆起来，从而更好地满足用户的需求。例如奥迪在中秋节时发布的 H5"奥迪英杰汇贺中秋"，抓住中秋节的节日热点话题，进行品牌推广活动，如图 2-4-7 所示。

图 2-4-7　奥迪英杰汇贺中秋

（4）内容价值

H5 的内容要有价值、有用，用户可以从中学到知识，内容也可以有趣，能让人开怀一笑。用户获取到 H5 中的价值，得到满足之后，也会进行主动的分享。

2. H5 的视觉设计

在制作 H5 内容时，不可千篇一律地使用简单的文字来描述主题思想，应该多用图文结合的形式，尽量视觉化呈现内容信息，这样不但画面会更加酷炫，而且容易深入人心。因此，H5 的内容展示可以尽量利用智能手机的多媒体性能，如声音、动画、视频、全景、长页面、无级滑动、VR、AR 以及大数据图解等展示形式，让 H5 可以充分调动用户的互动性。

三、H5 的制作工具

H5 的制作不局限于单一设备，在手机和 PC 上都能完成，H5 工具主要分为模板类工具和专业类工具两种。模板类工具基本上只能修改文字和图片，很难实现动画及交互上的多样性。而专业类工具的自由度就要高很多，能做出的交互效果也很惊艳，适合有编程基础的人。专业工具如意派、iH5、Mugeda，一般在 PC 上操作。模板类工具一般有人人秀、易企秀、MAKA 等，由于操作简单、模板较多，手机、PC 上都可以操作，适合没有编程基础的人，如图 2-4-8 所示。

图 2-4-8　易企秀

典型案例

东风 H5 案例"测一测你的放风姿势"解析

1. 营销目的

此 H5 是由网易新闻与东风 HONDA 合作推出，营销目的为 NEW XR-V 车型进行市场预热。

2. 内容设计

整个 H5 通过重现网友疫情宅家的诙谐场景，将大众的放风愿望与 NEW XR-V 潮流外观建立联系，满足用户情感需求，整体流畅且轻松，娱乐性强，"戏精式"解说风趣幽默。设置 4 道选择题，轻量级的交互形式，降低用户参与门槛，定制海报刺激分享欲望，如图 2-4-9 所示。

图 2-4-9　测一测你的放风姿势一

3. 策划步骤

第一步：观看戏精视频，重现疫情期间的网友宅家趣事，中间插入4道选择题，加强参与感。

第二步：Pick你的放风座驾。

第三步：放风打卡拍照，生成专属场景的传播海报，分享朋友圈，如图2-4-10所示。

图2-4-10　测一测你的放风姿势二

4. 视觉设计

手绘画风，孟菲斯配色风格给画面带来耳目一新的视觉体验，撞色贴合年轻人的喜好，吸引用户注意力，在钟表、画作中加入品牌元素，如图2-4-11所示。

图2-4-11　测一测你的放风姿势三

> **实践操作**

使用手机易企秀软件制作 H5

易企秀是一款基于智能内容创意设计的数字化营销软件，提供 H5 场景、互动抽奖小游戏等各式内容的在线制作，自带素材库，有大量 H5 模板可以套用，可一键生成 H5，并快速分享到社交媒体开展营销，如图 2-4-12a 所示。

1. 在模板库中挑选适合的 H5 模板

假如要做一个汽车保险活动的直传 H5，在 H5 界面，单击搜索框。单击筛选，选择筛选界面里的行业模块，选择"汽车行业"，即可找到所有符合要求的 H5 模板，也可通过搜索关键词的方式收集所需的模板，如图 2-4-12b 所示。也可通过内容搜索，选择适合的模板，可以通过"颜色"选项来寻找风格符合的 H5 模板。

也可以单击首页界面下方的"+"按钮，进行自己的模板创作。单击"使用"按钮，进入模板编辑状态。

2. H5 的编辑操作

打开活动模板后，用户可以将 H5 中的品牌素材、宣传文案以及背景音乐等替换成与营销活动或企业相关的内容。

（1）添加文字

双击其中的文字，即可修改模板的文本内容，单击"AI 快捷编辑"，可快速进行文字和图片的替换，语音识别功能提升了制作速度，如图 2-4-13a、b 所示。若想增加除模板以外的文字，单击下方工具栏的"+文字"按钮，可进行文字的添加。

a）易企秀界面　　　　b）筛选界面　　　　　　a）编辑页面　　　　b）快捷编辑

图 2-4-12　选择模板　　　　　　　　图 2-4-13　页面编辑

（2）图片更换

图片更换同样也有两种方式。第一种，单击"AI快捷编辑"，可快速进行图片的替换。第二种，在编辑页面双击图片后单击更换，如图2-4-14a、b所示。

若想增加除模板以外的图片，单击下方工具栏的"+图片"按钮，可进行图片的添加。

（3）页面管理

在H5的第一页，有"页面管理"选项，单击其按钮，可对本套模板内所有页面进行删除、复制、排序，如图2-4-14c、d所示。

a）双击更换　　　b）快捷编辑更换　　　c）页面管理　　　d）页面排序

图2-4-14　H5编辑

a）预览　　　b）选音乐

图2-4-15　预览界面

（4）音乐替换及切换效果更改

在编辑页面选择右上角的"预览"按钮，可进入到画面预览、设置翻页效果、标题及音乐的更改界面，单击"选音乐"按钮，可实现音乐的更改，可选择音乐库里的内容，也可以自己上传，如图2-4-15a、b所示。

（5）工具栏介绍

H5页面底部有添加组件、更改特效、背景修改等编辑工具，如图2-4-16所示。单击"模板"按钮，可以实现其他模板页面的添加。

图2-4-16　工具栏界面

单击"组件"按钮，可在H5界面内添加相应组件，例如视频、链接等，如图2-4-17所示。

图2-4-17　组件界面

单击"特效"按钮，有指纹、环境、涂抹、互动等多种特效模式可供选择，如图2-4-18所示。

图2-4-18　特效界面

单击"背景"按钮，可更改背景图片，可选择纯色背景，也可以自定义背景图，选择自己的图片作为背景，如图2-4-19所示。

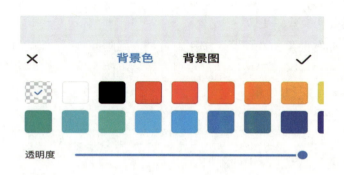

图 2-4-19　背景界面

3. 一键生成 H5 作品并发布

在编辑预览界面单击"分享"按钮，可进行分享方式的选择，可选择分享链接至微信、朋友圈、小程序等。也可在 App 首页的作品界面进行编辑和分享操作。

单元小结

1. H5 是超文本标记语言 (HyperText Markup Language) 的英文缩写，以网页的形式呈现。

2. H5 是一种准则、标准，不是一项技术，而是各项技术的合集。

3. H5 的主要类型有展示型、交互型、游戏型、技术型、模拟型五种。

4. H5 具有品牌性、本地存储性、跨平台性、交互性强、营销转化率高、维护简单、传播快等特点。

5. H5 在内容设计时要注意明确营销目的、满足用户需求、找到正确的消息触点，并且保证其内容有价值。

6. H5 的视觉设计要注意视觉呈现和风格统一。

学习单元五
网站与网店的设计制作

情境导入

假设你是某 4S 店的配件管理人员,互联网时代下,网络营销盛行,本店准备将配件销售业务由线下扩展到线上,在淘宝上开设上汽荣威品牌的店铺,用于售后服务和产品销售,请问你了解淘宝店铺吗?你知道如何在淘宝上开店吗?你知道如何开展网店营销吗?

学习目标

1. 能使用工具创建网站。
2. 能使用网站创建个人店铺。
3. 能使用网站创建企业店铺。
4. 能根据品牌需求上架新品。
5. 能根据品牌需求进行店铺首页设计。

理论知识

一、网站与网店设计

新媒体营销方式多种多样,网站营销与网店营销是典型代表。借助于互联网,网站与网店以虚拟的形式存在,人们无法接触到实物,只能通过图片、视频、文字来进行选择和购物,所以视觉设计在网站与网店营销中显得尤为重要。在网站与网店的页面设计中,如何更好地吸引消费者和服务消费者,要注意以下几方面。

1. 以消费者为中心

以消费者为中心是指站在消费者的视觉角度来审视,即围绕消费者的心理来构建一个能满足消费者需求的网店或网站。以消费者需求为前提安排模块的优先展示，消费者迫切需要的，着重安排在显眼的地方。用户体验是消费者对网店或网站的一种感受，是网站与网店建设的重要反馈，它可以帮助企业更好地建设网站与网店。用户体验度测试可以从以下几方面着手，如图2-5-1所示。

图2-5-1　用户体验度测试

2. 符合大众审美

消费者在浏览页面时，如果视觉体验差，不符合大众审美，消费者是没有点开的欲望的。网店与网站的整体颜色效果要和谐，采用的设计元素应符合店铺或网站风格、企业特色。当然，大众审美并不是一成不变的，受时代潮流影响，审美也随之变化。所以网站与网店的维护也要跟随潮流，避免消费者审美疲劳，确保消费者的视觉体验。以上汽荣威品牌官网为例，随着5G时代的到来，科技感已成为一种时代标签，网站设计风格从最开始的黑灰配色转为白色简约风，通过大量留白及亮色点缀，突出未来感和科技感，如图2-5-2所示。

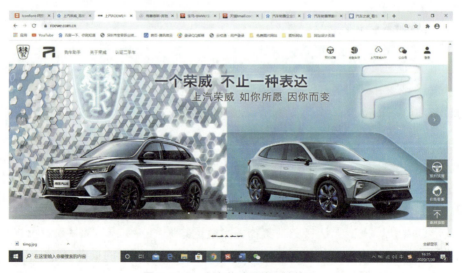

图2-5-2　上汽荣威品牌网站首页

3. 兼具实用性

在注重美观的同时，实用性也不容忽视，如果一味执着于简约，结果造成板块的缺失或者不便于消费者操作，那就得不偿失了。因此最好在保证美观的同时兼顾实用性，以便消费者操作。以宝马中国的网站为例，首页顶部功能分类明确，这样消费者浏览页面时快捷高效，方便消费者操作，如图 2-5-3 所示。

图 2-5-3　宝马中国网站首页

二、网站制作

1. 网站类型

网站是网络营销时代最基础的配置，在创建网站之前要确定网站的定位、要实现怎样的功能或价值，如宣传企业形象、推广企业产品、运营平台、服务客户等，从而演化出品牌型网站、营销型网站、展示型网站、门户型网站、电商型网站等一系列不同类型的网站。

汽车各大品牌官网如上汽荣威、比亚迪新能源，属于品牌型网站。专注于汽车资讯展示的网站如懂车帝，属于门户型网站。主要用于企业产品的在线销售，能在线下单的网站如一嗨租车、淘宝网，属于电商型网站。专门负责展示企业产品的如品牌网站，属于展示型网站。营销型网站是企业将营销理念、方法和技术引入网站策划、设计和制作中，以实现特定的营销目标的网站。简单来讲，就是将流量变现的网站，也是近年来企业不断追求的网站类型。

2. 网站布局

制作网页讲究编排和布局的合理性，使用户有一个流畅的视觉体验。基于视觉美化，网站可以有多种布局方式，但无论形式如何变化，基本的功能分区是不变的。基础的网页区域划分，可分为顶部区、横幅区、版式区、底部区。

顶部区可以放置企业 logo、网站名字、网站导航等；横幅区可以放置图片或者视频，需要重点展示的部分；版式区主要放置网站主要内容，底部区可以放置网站版权信息、备案说明、公司联系方式等，如图 2-5-4 所示。

3. 网站创建流程

创建网站的步骤比较简单，建设流程主要包括域名注册、网站空间、内容设计、发布与维护。

(1) 域名注册

域名就是网址。例如，荣威官网的域名为 www.roewe.com.cn，在地址栏输入域名就可进入荣威网站页面。如果是企业网站，域名的取名原则是简短、好记、有含义，一般为企业名字的拼音、首字母或英文名字。

好的域名需要购买，目前国内几个主流的域名商有阿里云、腾讯云。以阿里云旗下的万网为例，域名注册步骤为：

第一步，在浏览器里输入网址 www.net.cn，进入万网首页，在搜索界面输入你想注册的域名，单击查询，可以看到你想注册的域名注册情况，如图2-5-5所示。

第二步，选择你想注册的域名加入清单，单击付款，就可以获得域名，如图2-5-6所示。

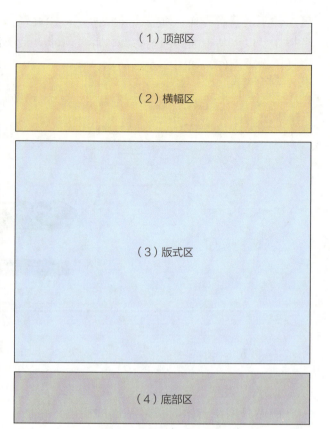

图 2-5-4　网页布局

图 2-5-5　万网首页

(2) 网站空间

网站空间相当于是网站的房子，它能够存放网站所有的文件、数据、页面、图片、下载内容、资料等。一般和域名搭配购买，对个人网站而言，网站空间不需要很大，但是对企业网站来讲，就需要比较大的网站空间了。

图 2-5-6　选择域名

（3）内容设计

网站内容的设计与建设，是赋予这个网站灵魂和内涵，就好比一个毛坯房已经盖成，接下来就是装修了。网站运营是否优秀，排名是否靠前，与网站内容有直接关系。现如今网站内容建设不需要代码编写也可以实现内容设计，有专门的网站建设平台，例如凡科网、猪八戒网等。这些平台操作简单，功能齐全，也有大量的模板可以实现一键建站。

（4）发布与维护

内容设计好了之后就是发布网站，要想别人通过搜索域名搜索到你的网站，需要提前在互联网信息中心备案。根据工信部的要求，国内的网站必须备案，未备案的域名不能使用国内服务器。域名商一般会提供网站备案入口，按照提示准备相应资料进行备案即可。

三、网店制作

1. 网店类型

淘宝购物已成为人们习以为常的购物方式，大部分汽车品牌在淘宝上也开设了官方旗舰店。在淘宝网中，汽车网店类型有新车销售、精品装饰、汽车配件、售后服务、汽车改装等。

汽车属于高额消费，人们购买时一般会慎重考虑，相比于网络买车，人们更愿意去 4S 店选择和购买车辆，能够实地体验、测试和感受到车辆的舒适度和性能，所以在淘宝汽车品牌的官方旗舰店里，对于新车销售一般以新车定金、试驾的链接形式存在。不仅是售前，汽车售后也扩展营销模式，从线下扩展到线上，让人们手机淘一淘也能买到正宗原厂配件、原厂服务，这一定位也深受各大品牌商的欢迎。图 2-5-7 所示为荣威品牌官方旗舰店售前、售后店铺。

2. 网店装修风格

在对网店进行装修之前必须先确定网店的装修风格，而网店的装修风格通常是由销售的产品类型决定的，因此明确自己的产品定位是必不可少的环节。可从产品的消费群体、品牌文化、产品风格、产品价格来明确产品定位，从而确定店铺装修风格。例如天猫养车零配件官方直营旗舰店的装修风格，采用的是天猫logo的黑红配色作为店铺装修的主色调，视觉上的关联效应增加了店铺的信任度，如图2-5-8所示。

店铺装修风格是多变的，根据促销活动、周年、节日等要求，可以选择适合的装修风格，例如汽车网店平时一般采用简约的装修风格，利用浅、灰、黑色等中性色背景来衬托产品本身，营造时尚简洁的画面。但是在平台大促时，一般选择红色、粉色、黄色等饱和度较高的色彩，来体现促销氛围，刺激客户消费。

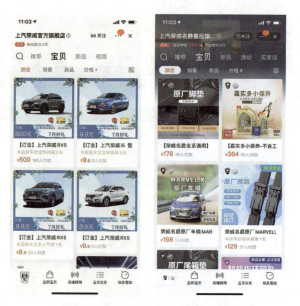

图 2-5-7 荣威官方旗舰店和售后官方旗舰店

图 2-5-8 天猫养车旗舰店首页

3. 网店页面布局

想要进行网店营销，还应该对网店的整体布局有一个了解，要清楚每个版块能发挥什么样的作用，这样才能更深入地设计装修出大众喜爱的网店风格。网店页面布局可以根据自己的店铺风格及喜好变换整体布局，但大部分都由以下模块组成，如图2-5-9所示。

店招作为进入店铺首页最顶端的部分，一般展示出店铺的名称、Logo，也可加入收藏图标、活动信息和特推产品等；导航栏紧接在店招下面，长条的矩形导航栏展示出店内产品的分类，便于消费者筛选产品；根据不同的模板，首页海报是首页的重要部分，因为这部分展示店铺的主打产品、促销产品或活动内容等；产品轮播图主要用于展示店铺的活动促销产品，可以做成活动海报吸引消费者；分类栏可以方便消费者根据商品类别快速找到自己需要的产品；店铺优惠券具有主动营销的作用，将优惠券展示在店铺首页可以让消费者一眼看到；客服旺旺是消费者与卖家沟通的渠道，可设置多个，也可以将旺旺设置成为悬浮按钮，方便消费者联系商家；产品主图展示区用于陈列网店的产品；店铺页尾及背景用于展示快递物流、售后服务以及帮助中心等内容。店铺背景对网店风格的确定起着重要作用。

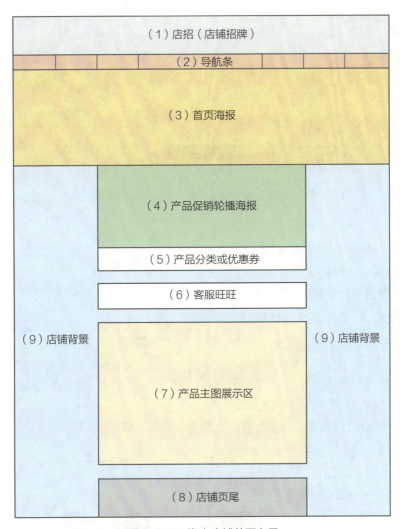

图 2-5-9　淘宝店铺首页布局

典型案例

网站内容设计

凡科网是一个为中小微企业提供营销产品和服务的营销服务平台。其目的是帮助中小微企业开展互联网营销，所提供的产品是"凡科建站"，可以让 0 基础的人实现一键建站，功能丰富，操作简单，维护便利，有海量模板可以选择。下面就以凡科网平台操作为例，创建一个名为"新新汽车租赁"的企业网站，其流程步骤内容如下。

1. 建站

输入网址 https：//www.fkw.com，进入凡科网界面。单击"马上体验 免费注册"。使用微信或者手机号注册凡科网账号，如图 2-5-10 所示。

图 2-5-10　账号注册

注册成功后，选择身份，进入网站创建流程。设置网站名称，输入"新新汽车租赁"，单击"立即创建"；网站创建成功，选择"进入电脑网站"，进入模板选择界面，如图 2-5-11 所示。

在模板选择界面，单击"更多行业"，选择汽车行业，或者在搜索框输入"汽车"进行搜索，根据网站定位，选择合适的模板，单击"使用模板"，进入模板编辑页面，如图 2-5-12 所示。

图 2-5-11　输入网站名称

图 2-5-12　选择模板

2. 模板页面编辑

（1）工具介绍

在模板编辑页面，保存、预览、撤销、取消在页面的右上角，页面左侧设置悬浮按钮模块、样式、设置、百度优化及辅助工具，如图 2-5-13 所示。

图 2-5-13　工具栏

"模块"栏目下可以实现新增模块、新增素材及网页现有模块的编辑和删除，不满意当前模块的布局，鼠标滑动至此模块，在悬浮按钮里单击隐藏模块，模块隐藏之后在"栏目模块"里可以找到，单击删除即可。

"样式"栏目下可以改变模板现有的布局、颜色，在此界面下也可编辑每个模块的样式，如图 2-5-14 所示。"设置"栏目下可以修改标题、添加组件，"辅助工具"里面有对应的快捷键及网站编辑基础工具可以选择。"百度优化"为搜索引擎优化操作，是付费项目。

（2）图片及文本编辑

在模板编辑页面上滑动鼠标，可对网页的模块内容进行更改。当鼠标滑到某一模块时，会出现悬停按钮，显示该模块可以进行的编辑操作。图片及文本也是一样的，当鼠标停留在图片上时会出现图片编辑操作选项，

图 2-5-14　模块和样式

如图 2-5-15 所示。当停留在文本上时，显示文本操作选项，双击文本框可以编辑文字，对文字内容进行修改。

图片编辑操作选项从左至右分别是编辑图片、模块特效、图片形状、模块动画、设置链接、透明度及隐藏模块，可实现图片的更换，设置图片的形状、动画、透明度、触点特效及图片跳转链接等，如图 2-5-16 所示。

图 2-5-15 图片编辑

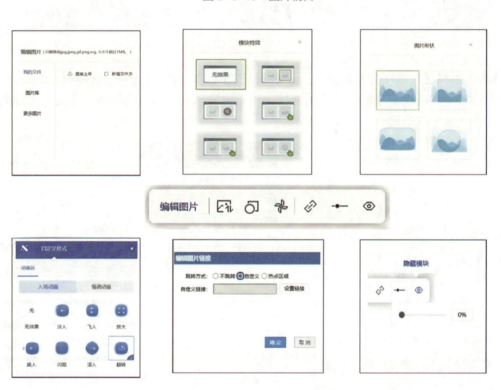

图 2-5-16 图片编辑操作

（3）模块编辑

鼠标滑动至页面任一模块可实现该模块的编辑操作，可进行顶部编辑、横幅编辑、自由容器编辑、底部编辑等，可以对该模块的样式进行更改，如图 2-5-17 所示。

图 2-5-17 模块编辑

3. 新增轮播图模块

如果对模板现有布局不满意，可对其进行修改和添加。下面以添加首页轮播图为例，进行模块添加的操作。

1）在模板编辑页面将指针移动至想添加的部位，单击页面左侧工具栏"模块"，选择"新增模块"里的"基础"栏目，选择"轮播多图"，进入轮播多图的编辑页面，如图 2-5-18 所示。

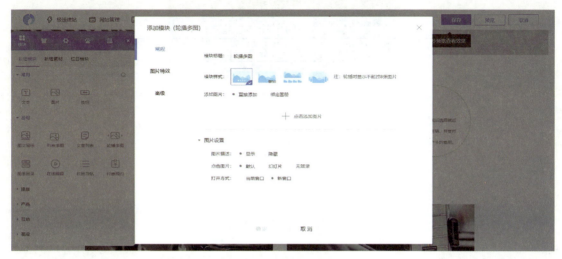

图 2-5-18　轮播多图

2）修改模块标题、样式。单击"＋"号，进入图片上传界面，选择自己想展示的图片，单击"确定"回到轮播多图编辑页面。轮播多图设置完毕后，单击"确定"，完成编辑操作，回到模板页面编辑页面，此时模块插入成功，如图 2-5-19、图 2-5-20 所示。

图 2-5-19　图片上传

4. 保存及发布

制作过程中注意随时保存，以防止页面丢失。单击右上角"预览"按钮，可预览网站整体效果。另外要说明的是，凡科建站只是网站编辑工具，若想作为商业用途，需要绑定域名并进行实名认证，域名注册及空间购买步骤已在上文说明，不再赘述。

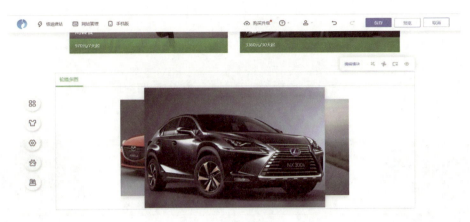

图 2-5-20　新建成功

实践操作

网店设计与制作

1. 创建网店

在淘宝平台上可以创建个人店铺和企业店铺。个人店铺是指通过支付宝个人认证，并以个人身份证开设的店铺，个人店铺开设流程如图 2-5-21 所示。企业店铺是指通过支付宝企业认证，并以工商营业执照开设的店铺，企业店铺开设流程如图 2-5-22 所示。在天猫平台上单击"商家支持"中的"商家入驻"可以创建旗舰店。

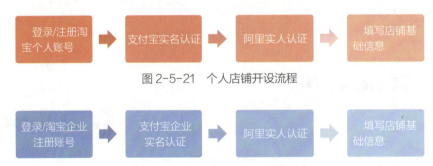

图 2-5-21　个人店铺开设流程

图 2-5-22　企业店铺开设流程

下面以个人店铺为例讲解开店流程，详细步骤如下。

1）在淘宝网首页，登录淘宝/支付宝账号之后，单击顶部导航栏"千牛卖家中心"的"免费开店"，或单击页面右侧账号栏的"开店"，即可进入开店页面，单击"个人店铺入驻"进入开店流程，如图 2-5-23、图 2-5-24 所示。

2）在我要开店界面，单击"创建个人店铺"，如图 2-5-25 所示。

3）阅读开店须知之后，进行开店认证，单击"立即认证"，进入阿里实人、实名认证界面。通过实人认证界面，单击"创建店铺"，如图 2-5-26、图 2-5-27 所示。

图 2-5-23　淘宝网首页　　　　　　　　图 2-5-24　开店流程

图 2-5-25　创建个人店铺

图 2-5-26　开店认证

图 2-5-27　实人认证成功

4）阅读开店协议，单击"同意"之后，店铺创建成功。完善店铺信息、缴纳保证金之后就可以发布宝贝了，如图2-5-28、图2-5-29所示。

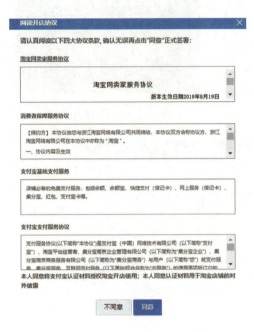

图2-5-28　开店协议

图2-5-29　店铺创建成功

2. 上架宝贝

店铺创建成功后，用淘宝/支付宝账号登录卖家中心，就可以进入卖家工作台，商品的上架、维护、客服、发货等操作都在卖家工作台里进行。上架宝贝前需要提前做好准备：拍摄制作商品主图和短视频、制作设计详情页、价格和优惠设置等。宝贝上架操作流程如下。

1）在淘宝网首页，单击顶部导航栏"千牛卖家中心"模块，即可进入卖家工作台。在"千牛卖家工作台"界面找到顶部导航条，单击"商品"模块，单击"发布宝贝"，如图2-5-30所示。

图2-5-30　卖家工作台

2）选择商品对应的类目，单击"下一步，发布商品"，进入商品编辑页面，如图2-5-31所示。

3）在商品编辑页面，编辑商品的基础信息、销售信息、图文描述、支付信息、物流信息及售后服务。上架时间选择立即上架，即可成功发布宝贝，如图2-5-32所示。

图 2-5-31　选择商品类目

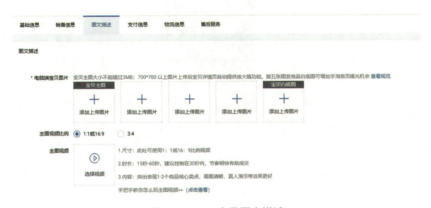

图 2-5-32　商品图文描述

3. 手淘店铺首页设计

1）进入卖家工作台，找到顶部导航条，单击"店铺"分类，单击"店铺装修"，如图 2-5-33 所示。

图 2-5-33　店铺装修

2）进入淘宝旺铺页面，单击"一键装修首页"，选择自己喜欢的模板，单击"确定"，如图 2-5-34、图 2-5-35 所示。

3）进入模板页面，就可以对模板进行编辑，进行设置店招、替换文字、图片等操作，如图 2-5-36 所示。

图 2-5-34 一键装修

图 2-5-35 选择模板

图 2-5-36 模板编辑

4）编辑过程中注意随时保存，编辑页面右上角导航条，单击"发布并设为默认首页"，即可完成首页发布，如图 2-5-37 所示。

图 2-5-37 发布成功

单元小结

1. 网站与网店设计应以消费者为中心，符合大众审美的同时还要兼具实用性。
2. 网站类型有品牌型网站、营销型网站、展示型网站、门户型网站、电商型网站等。
3. 网站的网页区域划分，可分为顶部区、横幅区、版式区、底部区。
4. 网站是网络营销时代最基础的配置，网站建设流程主要包括域名注册、网站空间、内容设计、发布与维护。
5. 汽车网店有以下几种类目可以选择：新车销售、精品装饰、汽车配件、售后服务、汽车改装等。
6. 一个网店的页面布局由店招、导航栏、首页海报、产品轮播图、产品分类栏或优惠券、客服旺旺、产品主图展示区、店铺页尾及背景等组成。

学习情境三
网站汽车营销

学习目标

- 能分析汽车厂家官方网站框架结构并能进行相关信息查询
- 能分析主流门户网站汽车频道框架结构并能进行相关信息查询
- 能分析主流汽车垂直网站框架结构并能进行相关信息查询
- 能分析主流汽车直销网站框架结构并能进行相关信息查询

学习单元一
汽车官方网站营销

情境导入

假设你是某汽车厂家销售公司的工作人员，部门领导分配给你一项新任务，参与企业官方网站的设计和布置，宣传企业产品，组织营销活动。请问你知道汽车官方网站的基本组成吗？知道如何引导消费者在官方网站购车吗？

学习目标

1. 能分析汽车厂家官方网站基本界面的组成。
2. 能在汽车厂家官方网站上查看某一款车型介绍。
3. 能在汽车厂家官方网站上查询当地经销商信息。
4. 能在汽车厂家官方网站上预约试驾。
5. 能在汽车厂家官方商城上进行购车。

理论知识

一、营销型网站简介

网站（Website）是指在因特网上根据一定的规则，使用 HTML（标准通用标记语言）等工具制作的用于展示特定内容相关网页的集合。人们可以通过网页浏览器来访问网站，获取自己需要的资讯或者享受网络服务。

营销型网站就是为实现某种特定的营销目标，能将营销的思想、方法和技巧融入网站策划、设计与制作中的网站。

营销型网站整合了各种网络营销理念和网站运营管理方法，不仅注重网站建设的专业性，更加注重网站运营管理的整个过程，是企业网站建设与运营维护一体化的全程网络营销模式。

营销型网站的营销目标主要有：

1. 营销导向

企业通过开展网上销售，借助网络的交互性、直接性、实时性和全球性为客户提供便捷的网上销售点。

2. 服务导向

企业通过网站提供客户服务，客户可以向在线客服人员进行咨询，便捷地享受售前、销售过程中、售后等不同阶段的企业服务。

3. 品牌导向

企业在互联网上建立自己的品牌形象，加强与客户的直接联系和沟通，建立客户的品牌忠诚度，为企业的后续发展打下基础。

4. 提升导向

企业通过网络营销替代传统的营销手段，全面降低营销费用，提高营销效率，改善营销管理，增强企业竞争力。

对于汽车厂家的官方网站而言，其营销目标不仅仅是简单的某一种导向，而是集合了营销导向、服务导向、品牌导向和提升导向。例如，在比亚迪汽车官方网站的主页上，既有"在线购车"，又有"品牌天地"，还有"服务店查询"。

二、营销型网站的类型

1. 基本信息型

基本信息型的营销网站主要面向企业客户、业界人士或普通浏览者。网站主要功能是介绍企业及其产品的基本资料，致力于树立企业形象，也适当提供行业内的新闻或者知识信息。例如长安汽车官方网站，其顶部目录结构主要由产品的目录分类组成，包括UNI、轿车、SUV、MPV、新能源。

2. 多媒体广告型

多媒体广告型营销网站主要是面向企业产品/服务的消费群体，以宣传企业的核心品牌形象或者主要产品/服务为主。这种类型的网站无论是从目的还是实际表现手法上，相对于普通网站而言更像是一个平面广告或者电视广告，因此用"多媒体广告"来称呼这种类型的网站。

几乎所有的汽车厂家官方网站都符合这种类型，在网页的主要界面都会以轮播图的形式展现其产品，有的还会带有动画效果。

3. 直销网店型

网店作为电子商务的一种形式，是一种能够让人们在浏览的同时进行购买，且通过各种在线支付手段进行支付完成交易的网站。

随着互联网技术的发展和网购的普及，多数汽车厂家的网站也从简单的基本信息和多媒体广告升级成具有网购能力的网站,一些汽车厂家开发了自己的直销网店(官方商城)。例如,长城汽车有其自建的哈弗商城,在商城里除了销售汽车,还包括与汽车相关的用品。

4. 平台网店型

还有一些汽车厂家没有自建商城,而是选择在第三方平台开设自己的官方旗舰店,从而实现汽车网购。例如在上汽荣威官方网站中单击"商城",会直接跳转到其天猫官方旗舰店。

当然,无论是自建商城还是在第三方平台开设官方旗舰店,网购汽车更多的是采用订金的形式,全款预定的很少。国内一线自主品牌汽车网店形式见表3-1-1(截至2020年7月)。

表3-1-1 国内一线自主品牌汽车网店形式

汽车厂家 网店形式	吉利汽车	长城汽车	比亚迪汽车	荣威汽车	长安汽车
自建商城	有	有	有	无	无
天猫旗舰店	有	有	无	有	无
抖音商家	有	无	无	有	有

典型案例

吉利汽车官方网站介绍

打开浏览器,在搜索引擎中搜索"吉利汽车",找到吉利汽车的官方网站,单击即可进入,或者在地址栏输入网址 https://www.geely.com/。吉利汽车官方网站首页如图3-1-1所示。

图3-1-1 吉利汽车官方网站

首页的左上角是吉利汽车品牌 logo;最上面一排是网站的目录树:车型总览、品牌天地、购车支持、官方商城、商务合作、吉行天下;页面主体最醒目的界面是广告轮播图,最右侧有"咨询、预约、商城、活动"4个快捷链接;下拉页面还有"市场活动、售后服务、查看更多"模块。

单击顶部的"车型总览",可以方便地查询吉利汽车在售车型,单击具体车型可以查看该车型的详细参数,还可以填写姓名、手机号和车型预约试驾,如图3-1-2所示。

图 3-1-2　车型总览

单击顶部的"品牌天地",可以查看吉利汽车的集团概述、新闻资讯、技术品牌和品牌天地。顶部的"购车支持"主要由预约试驾、经销商查询、市场活动、天猫旗舰店、大客户购车、车主服务、二手车服务组成。

单击顶部的"官方商城",进入吉利官方商城界面,在这里用户可以选择合适的车型"预约试驾"和"立即购买",还有厂家定期开展的"精选活动"。官方商城的预约试驾界面如图3-1-3所示。

图 3-1-3　官方商城预约试驾

顶部的"商务合作"里面包含吉利汽车招商加盟、几何汽车招商加盟、研究总院展厅参观预约、吉利研发中心访客预约系统。顶部的"吉行天下"包含吉行天下首页、圈子、活动、友聚惠、吉行驿站、吉币商城。

下拉页面的"售后服务"包含服务活动、关爱课堂、服务介绍、服务站查询、备件查询、

G-link 服务、400 电话、更多，如图 3-1-4 所示。在下面还有"加入我们"，在这里可以查询吉利汽车的具体岗位招聘信息；"信息公开"主要是采购系统和汽车维修技术信息的公开。

图 3-1-4　售后服务

实践操作

在吉利汽车官方网站购车

从吉利汽车官方网站可以直接进入其"官方商城"或者是"吉利汽车官方旗舰店"，本单元以从吉利汽车官方商城购车为例。进入"官方商城"后选择合适的车型，在"车型总览"中可以根据热卖、三厢、MPV、SUV、新能源等不同类型查找不同的车辆，如图 3-1-5 所示。

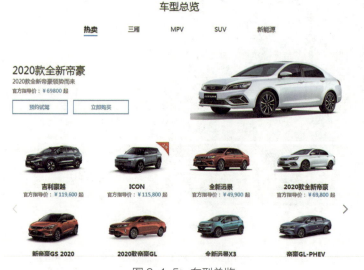

图 3-1-5　车型总览

选择好合适的车型后单击"立即购买"，进入购买页面，首先选择车辆配置，如图 3-1-6 所示。在这里可以选择车辆颜色、选择排量、选择型号、选择内饰，最后选择经销商，如果想看该车型的详细介绍,可以下拉网页查看,还可以单击右侧的"在线客服"与商家沟通,选好各种配置后,最后单击"立即订购"进入下一步。

图 3-1-6　选择车辆配置

进入确认订单页面后,如图 3-1-7 所示,需要填写姓名、性别、手机号码,输入图形验证码后再进行短信验证,核对具体的车辆配置无误后,勾选同意隐私政策,最后确认订单,进入下一步。

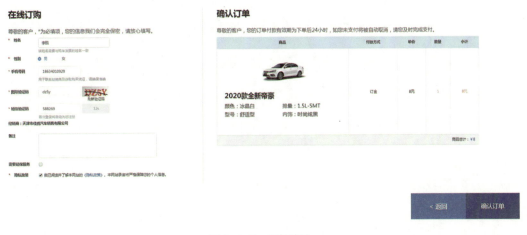

图 3-1-7　订单确认

最后进入支付页面,如图 3-1-8 所示,可以选择支付宝或者微信支付,这里支付的 8 元只是订金金额,支付完成后选择的经销商会与用户联系,到指定的地点完成看车、付款和提车等具体事项。

在天猫吉利汽车官方旗舰店购车流程同在淘宝天猫购买其他商品一样简单,店里的商品还包括与吉利汽车相关的汽车用品,比如 LED 光源、儿童座椅和脚垫等。

图 3-1-8 支付页面

网店购车虽然借鉴了网购模式，但对于大额消费品的汽车来说，在网店支付少量的订金是最佳的网购模式。厂家还需拿出独立于经销商的优惠政策，比如送延长质保，送加油卡等，否则很难吸引消费者在自己的网上商城购车。

单元小结

1. 营销型网站的营销目标主要有营销导向、服务导向、品牌导向、提升导向。
2. 营销型网站的类型：基本信息型、多媒体广告型、直销网店型、平台网店型。
3. 汽车厂家官方网站基本组成有车型介绍、品牌介绍、预约试驾、官方商城、经销商查询、在线咨询、400电话。

学习单元二
门户网站营销

情境导入

假设你是某 4S 店的销售人员，销售经理分配给你一项新任务，让你帮助一位用户在汽车网站上了解购车事宜，你能快速、准确地在汽车网站上找到相应汽车的资讯吗？你能在汽车网站上完成一次购车吗？

学习目标

1. 能分析相关汽车网站基本界面组成。
2. 能在汽车网站上准确找到顾客需要的车型。
3. 能在汽车网站上查看用户评价。
4. 能在汽车网站上比较各种车型的参数。
5. 能在相关汽车网站上完成购车流程。

理论知识

所谓门户网站，是指通向某类综合性互联网信息资源并提供有关信息服务的应用系统。门户网站最初提供搜索引擎和网络接入服务，后来由于市场竞争日益激烈，门户网站不得不快速地拓展各种新的业务类型，希望通过门类众多的业务来吸引和留驻互联网用户，以至于到后来门户网站的业务包罗万象，成为网络世界的"百货商场"或"网络超市"。例如，我国著名门户网站有搜狐、腾讯、网易等。

改革开放以来，我国汽车保有量不断增加，人们对汽车资讯的需求也呈现出爆发式增长。众多门户网站看到了这一需求背后潜藏的巨大商机，像搜狐、腾讯、网易等都在其门户网站开设汽车频道。这些汽车频道依靠门户网站巨头，在很短的时间内就聚集了海量的用户群体，而且用户对这些汽车频道的信任度也逐渐增加。下面以搜狐汽车为例介绍现在主流汽车门户网站的构成。

典型案例

搜狐汽车

1. 搜狐汽车简介

2000 年，当网络还未普及的时候，搜狐汽车就已经成立。当时搜狐网站还仅仅只是推广、做汽车类广告，随着我国经济的飞速发展，汽车普及率快速提升，搜狐汽车也在这个过程中不断发展、完善。

搜狐汽车频道适应时代潮流，提供给用户的不仅仅是车辆的报价、性能等基本信息，还结合了汽车新闻、汽车评论、汽车导购、用车介绍以及车友会等，利用图片、视频、动画等技术，不仅给受众提供有关汽车的信息，在视觉上有一个直接的概念，同时受众可以听取专家及汽车消费者的意见，也给一些爱好汽车的网友提供了交流的平台，以便于受众对汽车有更好的了解，丰富他们的汽车知识。

搜狐汽车频道在其营销策略方面集产品策略、价格策略、促销策略、渠道策略、服务策略于一体。搜狐汽车频道很明确自己的产品及服务，也明白自己的受众需要什么，对于自身的受众也有明确的定位，这是其产品策略。而该频道向受众提供汽车报价的同时还有"消费券"这样的活动，在强调自身产品性能的同时适当降低价格，从而达到吸引受众的目的，保证市场的占有率，这是其价格策略。该频道有关于汽车的新闻、评论等文章，这其实属于"软文"，通过软营销模式来达到一种促销的作用，当然，在媒介融合的时代，它也使用直接的网络广告来达到这一效果，这是该频道的促销策略。该频道不仅提供汽车的信息，还提供关于汽车的外延产品的信息，这都能很好地吸引用户。另外，还及时在网站上发布新车信息、促销信息等一切用户关心的信息，这是该频道的渠道策略。而该频道的车友会这一块，不但给用户提供了交流的平台，同时也与用户保持着很好的互动，以便很好地了解用户。

2. 搜狐汽车首页

图 3-2-1 所示即为搜狐汽车首页的内容，在左上角是搜狐汽车的 logo，logo 右边是一个醒目的品牌广告，下面是导航栏，导航栏下面设置了车型的导航栏，便于用户直接选择喜欢的车型。然后是搜索栏，搜索栏不仅支持文字搜索，还支持汽车品牌搜索，在某一汽车品牌后还可以搜

图 3-2-1　搜狐汽车首页

索该品牌下的车型,在最右边还有一个滚动条,这可以帮助用户直接找到所需要的信息。

搜索栏右边的5个选项是给需要购买或者需要估价卖车的用户提供的小型导航栏,如图3-2-2所示。

图 3-2-2　导航栏

车型大全:有多种汽车分类方法,如按照热门品牌、热门车型、车型关注排行榜、车型销量排行榜等,方便用户快捷、准确地查找到所需类型的车。

精准选车:用户可以在这个选项中进行条件筛选,条件筛选选项有指导价、结构、车型级别、国别、品牌、发动机、变速器等,以满足用户的个性化需求,当用户根据自己的实际情况筛选条件后,在页面的下方会根据用户的条件筛选出相应的车型。

查经销商:这个选项主要是用来查询全国范围的汽车经销商,用户可以根据自己所在的位置和车辆品牌来查找对应的汽车经销商,其会显示具体的位置和联系电话,搜狐还会根据以往用户的反馈来对这些经销商进行综合评分和时效评分。

购车计算:这个选项可以大致计算用户购车所需要的费用,分为全款购车所需费用、分期购车所需费用,还可以计算定制的保险所需要的费用。

爱车估价:这个选项可以方便车主大致估算自己车辆的保值率,其根据云端大数据进行比较,根据受访用户评价这个估价相对来说还是比较中肯的。

如图3-2-3所示,首页中间区域是车型以及车型款式推荐,用户还可以根据自己想买车辆的价格区间来选车。

图 3-2-3　车型推荐

搜狐汽车为用户提供了多元化的选车方式,用户可以依据自己的实际情况来选出最适合的车型。

接下来就是搜狐汽车提供的一些关于汽车的新闻,为用户普及一些汽车基础知识,如图3-2-4所示。

图 3-2-4　汽车新闻

3. 搜狐汽车选车版块

在首页下面是图 3-2-5 所示的选车中心，这个选车中心与首页版块中的精准选车相同，主要是多了一个车型对比。

图 3-2-5　选车版块

如图 3-2-6 所示，在车型对比中，用户可以任意选择车型来进行对比，可以比较两款车的外形、车辆具体参数等方面，方便用户在不同的车型间做出最佳的选择。

图 3-2-6　车型对比

4. 搜狐汽车视频和图片版块

选车中心下面是汽车图片与汽车视频版块，如图 3-2-7 所示。用户在这里可以看到国内外最新的新车资讯、测评、趣味说车、汽车改装等。汽车视频和汽车图片都有下拉框，用户可以自由选择某种类型的车，从而查看该型车一系列的视频或图片。

图 3-2-7　汽车视频和图片版块

5. 搜狐汽车买车版块

如图 3-2-8 所示，买车版块主要包括低价买车、分期购车、买卖二手车三个部分。在低价买车部分主要向用户提供各型车的降价信息，搜狐在低价买车这个版块里还特意加入了一个团购环节，在团购页面只需要把自己的姓名、手机号、所在城市，以及参与拼购的车型填进去即可参与。这个环节能够提升用户购车的欲望，还能享受拼购带来的优惠。

图 3-2-8　买车版块

6. 搜狐汽车用车版块

如图 3-2-9 所示，搜狐汽车在用车口碑展示了各种车型的评价。这些评价都是车主根据自己的实际体验得出的看法，搜狐根据这些调研进行对比综合评价，用户既可以根据车型来查找评价，也可以在口碑查询输入某一品牌车的名称来查询。

图 3-2-9　用车口碑

7. 搜狐汽车资讯版块

搜狐汽车的最底部是汽车资讯版块，如图 3-2-10 所示，这里设置了一个资讯专栏。虽然在上面所有的栏目中都能找到汽车资讯，但是网站在这里设置了一个资讯汇总，放在最底端既可以保证上方页面的整洁，又可以保证资讯的完整。在资讯的左边又设置了许多导航栏，能让用户不管浏览到什么地方，都可以通过导航栏返回或者进入自己想去的页面。

图 3-2-10　汽车资讯

实践操作

在搜狐汽车上购买一台比亚迪唐 DM。

1. 车型搜索

在搜狐汽车首页上直接搜索车型，然后会跳转到关于比亚迪唐 DM 的信息页面，如图 3-2-11 所示。

图 3-2-11 搜索界面

2. 竞品对比

搜狐汽车选车中心还可以详细地比较和比亚迪唐 DM 类似的竞品车型，如图 3-2-12 所示。可以在车型对比中比较两款车的价格、排量油耗、动力、用户口碑等。在参数对比中会有更详细的两款车之间的信息对比，如图 3-2-13 所示。

图 3-2-12 车型对比

3. 购车流程

如图 3-2-14 所示，当用户详细比较后，单击进入购车页面，基本信息填写完毕后，出现获取底价，单击获取即可，然后会有相应的汽车经销商与你联系，当双方商谈后，用户可以直接去经销商处提车。

图 3-2-13　参数对比

图 3-2-14　用户信息填写页面

单元小结

1. 汽车门户网站不仅是一个汽车销售的工具，往往还兼顾传播产业资讯、促进汽车行业发展、宣传汽车产品、普及汽车基本常识等。

2. 众多的门户网站都在积极寻求市场导向的产品决策与行为，拓展现有的发展空间，设计新的产品模型，寻求差异化发展，从而达到吸引新用户、巩固忠诚用户的目的。

3. 搜狐汽车多样的导航栏使得所有栏目、所有页面都能均匀地展现在用户的视野中。当进入某一导航栏页面，这个页面还会有到达其他页面的链接，便于用户在不同页面间浏览。

学习单元三
汽车垂直网站营销

情境导入

假设你是某 4S 店的销售人员，当用户向你询问在汽车垂直网站如何查询信息时，你能向用户提供在这些汽车垂直网站演示从选车、买车、维修保养甚至卖车的一套完整流程的服务吗？能帮助用户在汽车垂直网站上查询相关车型的资讯吗？

学习目标

1. 能分析相关汽车垂直网站基本界面组成。
2. 能在汽车垂直网站上准确找到顾客需要的车型。
3. 能在汽车网站上查看用户评价。
4. 能在汽车网站上比较各种车型的参数。
5. 能在相关汽车网站上完成购车流程。

理论知识

垂直网站 (Vertical website) 集中于某些特定的领域或某种特定的需求，提供有关这个领域或需求的全部深度信息和相关服务。尽管"垂直网站"这个概念人们不常提及，但在日常的信息生活中，人们早已习惯从这里提取信息。如果把门户网站的内容呈现比喻为"大而全"，那么垂直网站的内容呈现就可以比喻为"小而精"。只有针对性强、专业化程度深的内容才能更长久地吸引受众，"小而精"的垂直网站更有利于实现点对点的服务，满足用户多样化、个性化的信息需求，从而增强用户的关注度和黏性。

汽车垂直网站在汽车业务上深耕细作，是网络世界的"专卖店"，与门户网站相比，汽车垂直网站具有以下特点：

（1）领域专业化

专注汽车领域，吸引用户的手段就是更专业、更权威。

（2）服务集中化

垂直网站一般扮演三个角色，分别是信息服务提供商、系统平台和应用服务提供商，为相应的用户提供纵深一条龙服务。

（3）用户精准化

垂直网站的用户基本上都是该行业的消费者，每一个用户都代表着购买力。垂直网站能以其权威专业的内容，吸引、刺激和带动用户消费。

以下就以汽车之家为例来分析垂直网站的基本组成和营销方式。

典型案例

汽车之家

1. 汽车之家简介

汽车之家由"80后"创业家李想创办于2005年，是全球访问量较大的汽车网站。汽车之家以为广大汽车消费者提供买车、用车、养车等专业化的信息服务为宗旨，以全面、深度、高互动性的内容和多层次、多角度的呈现方式影响最广泛的汽车消费者。目前，汽车之家已在全国85个城市建立分站，拥有超过800名员工，成为国内最具价值的互联网汽车营销平台。

根据 iUserTracker 数据统计显示，汽车之家月度覆盖用户数量达到9200万，日均覆盖人数超过800万。在国内主流汽车论坛的全部主帖中，汽车之家论坛占比高达78%。作为专业化的汽车网络媒体，拥有同行业中最大的用户覆盖量、最深的内容影响力，以及最活跃的用户群体。

汽车之家的网站架构主要包括新闻资讯、行情报价、图库相册、视频、音频、改装、赛事、论坛、说客、导购、二手车等频道，覆盖选车、买车、用车、置换的全产业链体系，内容资源与关联服务的闭环已经基本形成。同时，汽车网民对汽车垂直网站的诉求已经从资讯转向互动、社交、在线购物等层面，汽车之家不仅将自身打造成为最专业的资讯平台，同时还是行业领先的数据平台（拥有准确、全面的车型数据和车型图片，新车数据入库便捷迅速，图片更新每月万张）、互动平台（致力于打造国内专业的汽车交流平台，主要包括论坛、说吧、视频等）、经销商平台（拥有超过1万家在册4S店，为用户提供及时、准确的报价，促进线上交易）和电子商务平台（主要包括"汽车商城""汽车之家服务区"及"二手车之家"。汽车商城是国内首家汽车垂直领域的购物网站；服务区则是基于O2O模式⊖提供汽车后市场服务的电商平台）。

⊖ O2O 即 Online To Offline，是指将线下的商务机会与互联网结合，让互联网成为线下交易的前台，这个概念最早来源于美国。O2O 的概念非常广泛，只要产业链中既涉及线上，又涉及线下，就可通称为O2O。

2. 汽车之家首页

图 3-3-1 所示即为汽车之家的首页内容。在左上角是汽车之家的 logo，logo 右边有一个醒目的搜索栏，搜索栏下面则是汽车之家主要版块的名称。然后是车型搜索栏，搜索栏不仅仅支持文字搜索，还支持汽车品牌搜索，某一汽车品牌后还可以搜索该品牌下的车型。在搜索栏后面很贴心地为用户提供了按品牌找车、车型对比、智能找车，方便对汽车不太熟悉的用户找到符合自己的车型。以下我们重点介绍汽车之家的论坛、视频、图片、买车、经销商等版块。

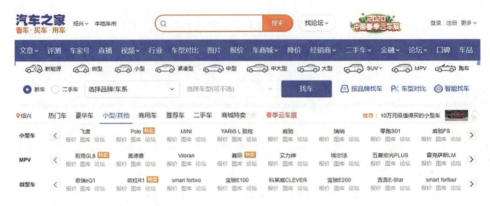

图 3-3-1　汽车之家首页

3. 今日焦点

在首页下面就是图 3-3-2 所示的今日焦点版块。汽车之家的今日焦点版块涵盖了全国乃至全球各大车展报道、各品牌车型解析、最新汽车行业动态等内容，为钟爱汽车的用户提供最新的汽车资讯，而且今日焦点还添加了当下流行的直播模块，直播营销能给用户带来更加真实的买车感受，激发用户的购车欲望。

图 3-3-2　新闻资讯

4. 汽车论坛

用户互动交流最为活跃的是汽车之家论坛,包含了车系、品牌、地区论坛等各种主题论坛。它是一个将交流提车作业、汽车维修保养、汽车装饰改装、自驾游、组织车友线下聚会集成为一体的优质交流平台。图 3-3-3 所示是蔚来 ES8 的论坛主页。

图 3-3-3　蔚来汽车论坛

5. 汽车视频和图片

在论坛中心下面是汽车视频与汽车图片版块,用户在这里可以看到车型功能介绍视频、试驾现场、用车百科等一些汽车视频,在精彩车图中可以搜索某一款车型的 360° 汽车 VR 全景照片,让用户详细了解车型的外观,如图 3-3-4 所示。

图 3-3-4　汽车视频和图片

6. 买车版块

在汽车之家的买车版块中首先看到的是一系列车型的降价信息。在买车版块最下面还放置了降价推荐表,其中囊括了各种车型的降价信息,使用户可以很快速地找到其感兴趣车型的降价信息。在版块的最右边还别出心裁地加入了一个猜你喜欢栏目,直接标明车型、当前价格、降价信息，用户可直接单击寻底价进入页面查看详细信息，如图 3-3-5 所示。

图 3-3-5　买车版块

7. 经销商促销、车商城版块

在经销商促销版块中汽车之家会直接给用户提供其所在地的热销车型，车商城版块构成与购物网站类似，可以从品牌、价格、级别等不同方面来寻找用户所需要的车型，如图 3-3-6 所示。

图 3-3-6　经销商促销和车商城版块

8. 二手车、汽车金融版块

汽车之家的二手车版块可以非常方便地查看全国二手车市场的信息，组成样式和车商城类似。也可以从品牌、价格、车系等不同方面来寻找用户所需要的车型，在最下方有"我要卖车""爱车估值"，对于有意向卖车的用户来说可以据此先估算出自己车型目前在市场上的价值。

在汽车金融版块中首先给用户提供的是低首付、低月供的车型，而且还很贴心地为用户提供贷款的步骤，方便用户买车，如图 3-3-7 所示。

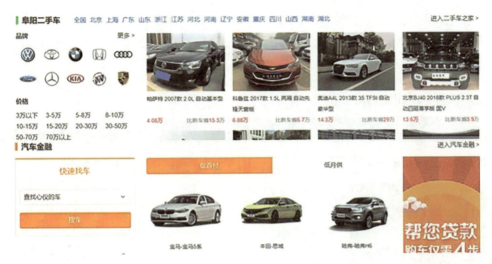

图 3-3-7　二手车、汽车金融版块

9. 汽车资讯和论坛推荐版块

在汽车之家的底部区域,该网站为用户提供了一个汽车资讯的汇总,资讯信息被分为各种类型,用户可以更便捷地找到感兴趣的汽车资讯。下方的汽车论坛互动中心则是将用户的线上体验和线下实体服务紧密结合,为用户甄选出优秀的汽车服务机构和产品提供商。图3-3-8 所示的论坛,类似微博热搜区域的设计界面,用户可以选择自己感兴趣的专题参与话题讨论。

图 3-3-8　汽车资讯和论坛推荐版块

实践操作

在汽车之家上购买吉利 ICON 流程

1. 搜索车型

在汽车之家首页上直接搜索车型,然后会跳转到关于吉利 ICON 的信息页面,汽车之家直接在上方把吉利 ICON 的车型、参数配置、车型报价、口碑等资讯信息列出，同时在网页右边还将与吉利 ICON 同级的车型也列举出来，方便用户在众多车型中做出最佳选择，如图 3-3-9 所示。

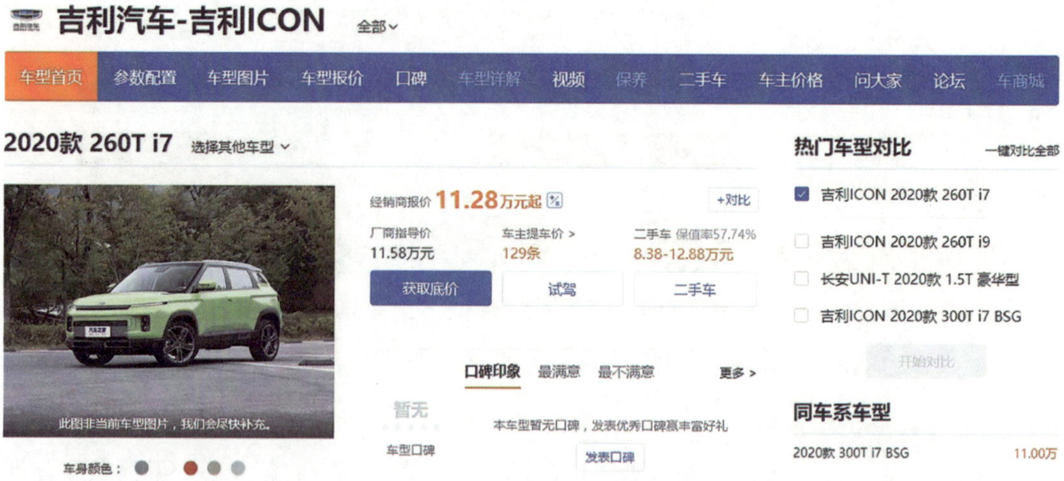

图 3-3-9　关于吉利 ICON 界面

2. 竞品车型对比

如图 3-3-10 所示，可以选择几款与吉利 ICON 同级别的车型，详细比较这两款同级别车型的外观、口碑、参数等。

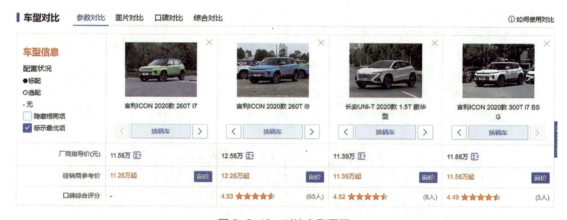

图 3-3-10　对比车型界面

3. 购车流程

如图 3-3-11 所示，用户详细比较后，单击进入购车页面，基本信息填写完毕后，出现获取底价，单击获取即可，当用户选择汽车经销商后，汽车之家会和对应的经销商联系，双方商谈满意后，即可进行付款提车。

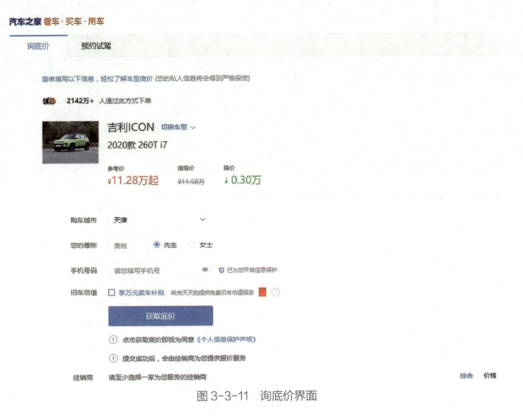

图 3-3-11 询底价界面

单元小结

1. 汽车垂直网站将用户的使用习惯从"多平台的单一服务"向"一平台的多元服务"逐渐转变，深深扎根于汽车产业链上。目前汽车垂直网站巨头通过对汽车上下游产业的整合，在线上提供全面的购车服务，极大促进了汽车的营销。

2. 各大汽车垂直网站均充分发挥互联网的优势，以海量汽车资讯、抢占第一发布时间等优势吸引广大网民登录并成为忠诚用户。汽车垂直网站在用户对网站的核心关注点上都有较准确的把握。

3. 汽车之家吸引受众的核心利益点是汽车资讯的完善以及新车资讯发布的及时性，从内容上看，除关注用户普遍关注的小型车等车型外，还重点加强对紧凑型车的分析和服务。汽车之家在全面性的基础上重点塑造网站的专业性和服务实用性，形成自己独特的差异化优势。

学习单元四
汽车直销网站营销

情境导入

假设你是某 4S 店的销售人员，销售经理分配给你一项新任务，让你帮助一位用户在汽车直销网站上了解购车事宜，你能指导用户在汽车直销网站上完成一次预约试驾吗？你能指导用户快速、准确地在汽车直销网站上找到购车资讯吗？

学习目标

1. 能分析相关汽车直销网站基本构架。
2. 能分析汽车直销带来的优势和劣势。
3. 能在汽车直销网站上准确找到顾客需要的车型。
4. 能在汽车直销网站上查询各种车型的参数。
5. 能在相关汽车网站上完成购车流程。

理论知识

我国是一个汽车消费大国，近年来，我国的汽车营销市场也在不断进步。我国的汽车营销模式是由营销理念、组织和手段组成的。其中汽车的营销理念是首要条件，营销组织就是指制造商和经销商，在汽车销售时所运用的各种方法措施称为营销手段，要想促进汽车营销模式的不断进步就应该不断寻求更有效的营销模式，因此汽车直销的概念就逐渐产生了。

销售员不在固定的店铺进行销售，而是使用一种面对面的销售方法，将产品或者服务直接销售给消费者，并以此来计算报酬的销售模式就是直销。

汽车的直销概念与上述传统的直销并不完全相同。汽车产品选择的直销模式是有固定销售场所的，而且不能成为销售人员的个体行为。《汽车品牌销售管理实施办法》出台以后，对汽车直销的概念有过相关探讨，一般来说，有两种观点。第一种观点认为应该由指定的经销商（4S 店）将汽车直接销售给消费者，第二种观点认为应该由生产商建立自己的销售点，将汽车卖给最终消费者。这两种观点虽然出发点不一样，但是侧重点都是"直接销售"，都想精简汽车销售流程，将原本是 B2B2C⊖ 的链条，精简为 B2C⊖。

典型案例

特斯拉直营店

1. 特斯拉电动汽车简介

特斯拉公司（Tesla Inc.）是美国一家产销电动车的公司，由马丁·艾伯哈德（Martin Eberhard）工程师于 2003 年 7 月 1 日成立，总部设在美国加州的硅谷地带。

特斯拉公司以电气工程师和物理学家尼古拉·特斯拉的名字命名，专门生产纯电动车，生产的几大车型包含特斯拉 Roadster、特斯拉 Model S、特斯拉 Model X 等。特斯拉公司是世界上第一个采用锂离子电池的电动车公司，图 3-4-1 所示是特斯拉旗下的纯电动超跑 Roadster。从 2008 年至 2012 年，该公司在 31 个国家销售超过 2250 辆 Roadster。

图 3-4-1　Tesla Roadster

2017 年 2 月 1 日，特斯拉汽车公司（Tesla Motors Inc）宣布将该公司注册名称中含有"汽车"意义的"Motors"一词去掉，改成 Tesla Inc。2018 年 7 月 10 日，上海市政府和美国特斯拉公司签署合作备忘录，2020 年 1 月 7 日在上海的超级工厂建设完成。

2. 特斯拉直销模式

在我国，当用户走进 4S 店时，销售人员会向用户积极推销某一款车型，在付款时会遇见讨价还价的情况，主要原因就是用户担心销售人员要价太高，导致自己的购车成本太高，这是在经销商或者传统的营销模式里面非常普遍的问题。而特斯拉采用的是体验店与网络直销两种渠道，通过为消费者提供"看得见、摸得着"的服务体验，直接避免了上述一系列问题。当用户进入体验店时，销售人员更多地是在提供体验服务，而非一味的产品推销，如图 3-4-2 所示。在互联网时代，特斯拉更是网络直营的代表——网上预约、网上下单购车，连售后服务也是通过互联网来解决。特斯拉目前车联网技术比较成熟，当车主遇到难题可直接通过无线联网或者去实体服务中心解决，这不仅是技术上的颠覆，更是营销模式的创新。

⊖ B2B2C 是一种电子商务类型的网络购物商业模式，第一个 B 是指商品供应商或服务供应商；第二个 B 是 B2B2C 模式的电子商务企业，为供应商和消费者提供优质的服务，是互联网电子商务服务供应商；C 表示消费者。

⊖ B2C 的 B 是 Business，意思是企业，2 则是 to 的谐音，C 是 Customer，意思是消费者，是电子商务按交易对象分类中的一种，B2C 表示企业对消费者的电子商务形式。

3. 特斯拉直销流程

特斯拉的直销模式主要操作流程：车型了解、意向购买→门店体验、预约试驾→官网预订、支付定金→工厂接单、定制生产→支付尾款、车辆交付。

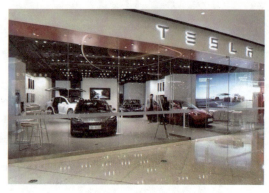

图 3-4-2　特斯拉体验店

官网直销的预定环节流程：

基本信息了解：在特斯拉官网的首页会显示目前在市场上销售的电动汽车，用户可以单击自己想要浏览的车型。以 Model 3 车型为例，特斯拉官网分别从安全性、性能、全轮驱动、续驶里程、Autopilot 自动辅助驾驶等多方面来介绍 Model 3，方便用户详细了解这款车的基本信息。

车型选择：特斯拉为 Model 3 提供了标准续航版、长续航版、Performace 高性能版三种不同的版本，如图 3-4-3 所示，便于用户根据实际需求来选择最适合自己的版本。

图 3-4-3　特斯拉官网车型选择

外观和内饰的选择：特斯拉在官网上为 Model 3 提供了纯黑、珍珠白等五种不同颜色的车漆，如图 3-4-4 所示。轮毂方面分别提供了 18in（1in=0.0254m）动力轮毂和 19in 运动轮毂，在内饰方面主要是纯黑内饰和黑白内饰。用户可以从车身颜色、轮毂、内饰方面个性化组合成自己购买的车型。

图 3-4-4　Model 3 外观选择

自动辅助驾驶的选择：特斯拉在自动驾驶方面具有很深的技术积累，自动辅助驾驶能够实现驾车过程一些基本情况的自动处理，例如自动泊车、自动换道等功能，这也是特斯拉电动汽车的最大卖点之一，如图3-4-5所示。

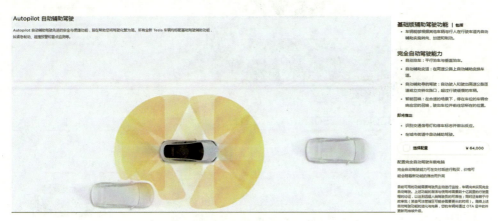

图3-4-5　自动辅助驾驶页面

付款页面：特斯拉官网上的付款页面也是一如既往的简约，该有的信息全部都有，没有一点多余的元素，如图3-4-6所示。

图3-4-6　付款页面

实践操作

在特斯拉官网上购买Model S

在特斯拉官网首页上直接单击Model S，然后会跳转到Model S的购车信息页面，如图3-4-7所示。

用户可以根据自己的需求选择不同的配置、车辆外观、内饰，以及Autopilot自动辅助驾驶。

当用户完成购车配置后，可以直接单击付款页面，如图3-4-8所示。

图 3-4-7　Model S 参数

图 3-4-8　Model S 付款页面

单元小结

1. 对于消费者而言，汽车厂商的直销模式与传统 4S 店代理经销模式相比缩短了中间环节，简化了购买流程，降低了用户的购买成本。

2. 自营的线下体验店可以提供标准化、专业化以及不以现场直接成交为目的的体验服务。线上购买明码标价，可以让消费者公平、透明地消费。

3. 对于汽车生产商而言，采用直销模式，接单生产，可以有效降低产品库存和资金占用。通过直营门店，可以更加有效地接收消费者对于产品的反馈信息，以此提高产品的适应性和快速应变能力，进而提升产品的市场竞争力。

4. 特斯拉采用直销模式有效地保证了客户可以享受到优质的产品和服务。这种创新的营销模式，最先受益的就是消费者，省去了渠道成本，价格更透明、实惠，为从试驾、订车、交付到售后的一体化服务提供更多便利。

学习情境四
新媒体汽车营销

学习目标

- 能通过问答平台进行汽车营销
- 能通过百科平台进行汽车营销
- 能通过论坛平台进行汽车营销
- 能通过搜索引擎进行汽车营销
- 能通过微信平台进行汽车营销
- 能通过视频平台进行汽车营销

学习单元一
搜索引擎营销

情境导入

假设你是某 4S 店的工作人员，部门领导分配给你一项新任务，使用百度搜索推广开展企业品牌宣传，组织营销活动，为企业网站导流。请问你了解搜索引擎营销模式吗？知道如何选择关键词进行广告投放吗？

学习目标

1. 能分辨企业在搜索引擎中的关键词广告。
2. 能够选择适合企业的关键词在搜索引擎进行广告投放。
3. 能够撰写适合企业的网页标题、关键词和描述。
4. 能利用百度搜索风云榜查找热搜汽车。
5. 能够利用百度指数分析与汽车相关的关键词。

理论知识

一、搜索引擎简介

搜索引擎（Search Engine）是指根据一定的策略、运用特定的计算机程序从互联网上搜集信息，对信息进行组织和处理后，为用户提供检索服务，并将用户的相关检索信息展示给用户的系统。搜索引擎包括全文索引、目录索引、元搜索引擎、垂直搜索引擎、集合式搜索引擎、门户搜索引擎与免费链接列表等。本单元搜索引擎营销指的是以全文索引为主的营销。

根据 http://www.78901.net 网站发布的数据，2020 年中国搜索引擎市场份额见表 4-1-1（从 2019 年 2 月至 2020 年 3 月）。

表 4-1-1　2020 年中国搜索引擎市场份额

搜索引擎	百度	搜狗	神马	360	谷歌	必应
占有率	72.73%	14.89%	4.45%	3.77%	2.04%	2.02%

二、搜索引擎营销及其特点

搜索引擎营销（Search Engine Marketing），通常简称为"SEM"，就是根据用户使用搜索引擎的方式，利用用户检索信息的机会，尽可能地将营销信息传递给目标用户。简单来说，搜索引擎营销就是基于搜索引擎平台的网络营销，利用人们对搜索引擎的依赖和使用习惯，在人们检索信息的时候将信息传递给目标用户。

搜索引擎营销的基本思想是让用户发现信息，并通过点击进入网页，进一步了解所需要的信息。所以，被搜索引擎收录和在搜索结果中排名靠前是搜索引擎营销策略中两个最基本的目标。

搜索引擎营销的主要特点为企业使用门槛低、用户使用广泛、用户针对性强、商家竞争激烈、营销与网站优化密不可分、营销不能实现直接交易。

三、搜索引擎营销模式

按照搜索引擎营销的发展阶段，搜索引擎营销的模式可分为登录分类目录、搜索引擎优化、关键词广告、关键词竞价名次和网页内容定位广告等。

1. 登录分类目录

登录分类目录分为免费和收费两种。免费登录分类目录是最传统的网站推广手段，方法是企业登录搜索引擎网站，将自己企业网站的信息在搜索引擎中免费注册，由搜索引擎将企业网站的信息添加到分类目录中。当今，登录分类目录的方式已经越来越不适应实际的需求。

2. 搜索引擎优化

搜索引擎优化（Search Engine Optimization）简称"SEO"，也叫"网站优化"，是通过对网站本身的优化而符合搜索引擎的搜索习惯，从而获得比较好的搜索引擎名次。更确切地讲，真正的搜索引擎优化不仅要符合搜索引擎的搜索习惯，更应该符合用户的搜索习惯。

3. 关键词广告

关键词广告是付费搜索引擎营销的一种形式，也可称为"搜索引擎广告"或"付费搜索引擎关键词广告"。当用户利用某一关键词进行检索，在检索结果页面会出现与该关键词相关的广告内容。由于关键词广告具有较高的定位，其效果比一般网络广告形式要好，因而获得快速发展。如图 4-1-1 所示，在百度搜索"汽车"，搜索结果第一条是林肯汽车广告，第二条是一汽丰田汽车广告。

图 4-1-1　关键词广告

4. 关键词竞价名次

关键词竞价名次是一种按效果付费的网络推广方式，是关键词广告的升级版，由百度在国内率先推出。企业在购买该项服务后，通过注册一定数量的关键词，其推广信息就会率先出现在用户相应的搜索结果中。每吸引一个潜在的客户点击，企业需要为此支付一定的费用。

5. 网页内容定位广告

基于网页内容定位的网络广告是关键词广告搜索引擎营销模式的进一步延伸，广告载体不仅仅是搜索引擎搜索结果的网页，也延伸到这种服务的合作伙伴的网页。

通俗来讲，搜索引擎先从企业获得广告，然后把企业的广告投放到众多与其广告相关的网站内容页面上，如果用户点击了广告，网站就会获得来自搜索引擎的佣金，这部分佣金是网站与搜索引擎对企业广告费的分成，搜索引擎在这里充当了一个媒体兼广告公司的角色。

此外，依托搜索引擎，还诞生了许多免费的营销推广平台，比如问答平台、百科平台和论坛平台等。

四、百度推广

百度推广由百度公司推出，企业在购买该项服务后，通过注册提交一定数量的关键词，其推广信息就会率先出现在用户相应的搜索结果中。

1. 竞价排名

顾名思义就是网站付费后才能被搜索引擎收录并靠前排名，付费越高可能排名越靠前；竞价排名服务是由客户为自己的网页购买关键词排名，按点击计费的一种服务。客户可以通过调整每次点击付费价格，控制自己在特定关键词搜索结果中的排名；并可以通过设定不同的关键词捕捉到不同类型的目标访问者。

目前，搜索引擎引入了"质量度"这个概念，质量度主要反映网民对参与百度推广的关键词以及关键词创意的认可程度。现在商户在百度搜索推广关键词的排名与关键词的出价和关键词的质量度密切相关。

2. 推广价格与计费

目前，对于首次开户的客户，需要一次性缴纳 6000 元，其中 5000 元是客户预存的推广费用，1000 元是服务费。开通服务后，客户自助选择关键词设计投放计划，当搜索用户点击客户的推广信息查看详细信息时，会从预存推广费中收取一次点击的费用，每次点击的价格由客户根据自己的实际推广需求自主决定，客户可以通过调整投放预算的方式自主控制推广花费。

3. 百度营销

百度推广现在更准确地说叫百度营销，现在的百度是一个大平台，不仅包括网页搜索，还有视频、地图、网盘等多种服务。所以目前百度营销的类型包含搜索推广、信息流推广、聚屏推广、开屏推广和百青藤推广等多种类型。

五、搜索引擎营销运营

1. 用户搜索行为分析

用户搜索行为是指用户在使用互联网时，利用搜索引擎进行信息搜索的行为。了解用户的搜索意图，分析搜索界面，有助于认清用户的搜索习惯，优化用户体验，更好地完成搜索引擎营销。

一般来说，用户的搜索意图主要有导航型搜索、信息型搜索和事务型搜索三种类型。

谷歌曾经做过针对用户对搜索结果页面点击行为的统计，用户对于搜索结果页面的关注范围呈现英文字母"F"的形状，也被称为"金三角"现象，如图 4-1-2 所示。

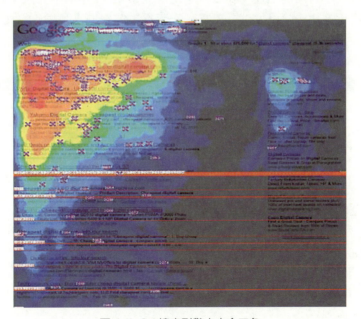

图 4-1-2　搜索引擎点击金三角

2. 关键词广告投放的技巧

1）寻找与自身品牌和产品相关的关键词。

2）在罗列关键词的基础上，分析用户搜索行为和搜索意图，增强关键词与目标受众的联系。

3）对成型的关键词进行分类组织。

4）根据竞争对手的词汇选择关键词。

5）关键词尽量简洁，同时选择多个关键词。

3. 网站优化

（1）关键词定位与部署

框定关键词范围，形成关键词名单，明确核心关键词和普通关键词，然后再进行关键词的部署。

（2）网页标题的定位与部署

网页标题（Title）是对一个网页内容的高度概括，搜索引擎的网页抓取程序在检索页面的时候，首先抓取到的便是网页标题，所以在 SEO 的过程中，标题的定位与部署占有重要的地位。

网页标题要含有丰富的关键词，一般来说网站首页的标题采用“网站名称、公司名称”或者“核心关键词 + 公司名 / 品牌名”。

（3）描述的定位与部署

描述即用简短的话语来说明页面的内容，页面描述并不显示在浏览器打开的页面上，具体形式表现在搜索引擎中，其影响力局限在提升搜索引擎排名及吸引用户的点击上。描述应该是一段语句连贯的内容，而不是把关键词堆砌在一起。如图 4-1-3 所示，在百度搜索“长城汽车”时，长城汽车官网的描述:“长城汽车是成立于 1984 年的中国汽车品牌，总部位于河北省保定市，主要生产皮卡、SUV、轿车及新能源汽车等车型。长城汽车旗下有长城、哈弗、WEY 和纯电动品牌欧拉四大品牌。”

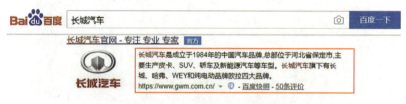

图 4-1-3 长城汽车网页描述

关键词、标题和描述是网页标签的主要内容。在百度搜索“二手车”，第一条是 58 同城二手车的广告，进入其页面后，查看网页源代码，很容易找到其标题（title）、关键词（keywords）和描述（description），如图 4-1-4 所示。

```
<!--  -->

<!DOCTYPE html>
<html lang="en">
<head>
     <meta http-equiv="Content-Type" content="text/html; charset=utf-8" />
<meta http-equiv="X-UA-Compatible" content="IE=Edge,chrome=1" >
<meta name="renderer" content="webkit">
<meta name="force-rendering" content="webkit">
<title>【唐山二手车|唐山二手车网|唐山二手车交易市场】 -唐山58同城</title>
<meta name="keywords" content="唐山二手车,唐山二手车网,唐山二手车市场,唐山二手车交易市场,唐山二手车交易网" />
<meta name="description" content="58同城提供近期精确的唐山二手车报价，海量车源信息、图片，标准无事故，优质个人二手车,直面个人买家,不赚差价，安全交易,让您放心买卖二手车。购买出售二手车,就上58同城唐山二手车
交易网!
"/>
```

图 4-1-4 网页代码中的标题、关键词和描述

（4）网站链接优化

网页链接包括内部链接和外部链接。内部链接是指同一网站内的链接关系。外部链接分为导出链接和导入链接。导入链接是指其他网站或页面中指向自己网站的链接，也称反向链接，导入链接会给网页提供很高的权重，也是影响网站在搜索引擎中排名的重要因素之一。

通常来说网站需要一部分导出链接，但导出链接的数量可以在一定程度上小于导入链接的数量。合理的导入链接是网站和其他网站进行链接的筹码，也是网站获得排名优势的必要条件。

（5）网站布局优化

目录结构在搜索引擎中的外部表现形式是 URL，URL 可以简单地理解为浏览器地址栏里输入的地址，URL 不能轻易变更，如果 URL 变更了，搜索引擎会找不到相应的网页。

网站的目录结构应该越简单越好，SEO 的过程中一般选择扁平化的网站结构，因为深度越复杂，被搜索引擎快速检索到的概率也就越小。企业网站目录结构深度最好控制在三层，最多不要超过四层。

常见的 URL 命名形式有中文、英文、无规则和拼音 4 种。我国进行 SEO 的常用方式是拼音命名 URL。例如，58 同城二手车唐山地区的网址为"https://ts.58.com/ershouche/"。

布局优化需要将建站过程中的布局、布局模块分布、颜色搭配、字体等从用户体验角度予以确认，既要针对搜索引擎也要针对网站用户。

典型案例

百度搜索推广

搜索推广是基于全球最大的中文搜索引擎百度搜索，在搜索结果显著的位置展示商家的推广信息，只有客户点击广告之后，商家才需要付费。

1. 搜索推广

1）标准推广：操作简单、效果快速，支持多个显著位置展现，按点击收费，展示免费。

2）图片凤巢：一图胜千言，图文更具吸引力；图片智能匹配，推广效果更佳。如图 4-1-5 所示，在百度搜索"比亚迪"时，比亚迪汽车官网左侧展示其 logo。

图 4-1-5　图片凤巢

3）线索通：线索通能直接在搜索结果页通过电话、表单、咨询组件展现服务功能，使需求明确的网民减少跳转，直接联系，留下销售线索。如图 4-1-6 所示，在百度搜索"哈弗 h6"时，出现的荣威 RX5 广告，下面有收集潜在客户信息的表单。

图 4-1-6　线索通

2. 品牌推广

百度品牌推广展示矩阵覆盖消费者决策全流程，提供给商家全方位的品牌推广服务。

1）品牌专区：商家可以在用户品牌学习阶段，通过品牌词及产品词触发来展现商家的品牌形象。如图 4-1-7 所示，在百度搜索"传祺 gs4"时，广汽传祺官网展示的品牌广告。

图 4-1-7　品牌广告

2）知识营销：商家可以在用户处于潜在需求阶段，在百度知道与自身业务相关的问题上植入广告。商家通过回答问题的方式生成专属的问题页面，在搜索结果页、知道详情页展现。用户在查阅答案时不知不觉就查看了广告。

3）品牌华表：商家可以在用户兴趣阶段，通过在搜索结果页右侧强势展现品牌广告，增加品牌露出。

4）商业阿拉丁：商家可以在用户转化阶段，将产品和服务信息前置，以结构化图文的样式展示在搜索结果中，强势促进品牌宣传和销售转化。

3. 商品推广

动态商品广告是适用于海量商品售卖的搜索投放产品，它专注于围绕"商品"来实现批量投放及动态创意生成，最终达成精准、高效的广告展现和投放管理。可以用橱窗样式、导航样式和列表样式展示商家的商品信息。

4. 本地推广

本地直通车通过整合移动搜索、百度糯米资源，可以将商家的信息精准地推广给周边有相应需求的客户，促使客户以在线支付、到店付等方式完成交易。如图 4-1-8 所示，在唐山地区，用百度搜索"北汽新能源"时，出现了威马汽车的广告。

图 4-1-8　本地推广

5. App 推广

百通能在搜索结果页直接推广商家的应用，并通过整合百度系应用商店、分发联盟、信息流广告，为商家提供最优质的一站式 App 分发服务。

实践操作

一、百度搜索风云榜

百度搜索风云榜以数亿网民的单日搜索行为作为数据基础，以关键词为统计对象，建立权威、全面的各类关键词排行榜，以榜单形式向用户呈现基于百度海量搜索数据的排行信息。

下面介绍查看百度热搜汽车的步骤。

1）打开百度首页（https://www.baidu.com/），单击下面的"百度热榜"就进入了百度搜索风云榜。

2）进入百度搜索风云榜后，单击"汽车"栏目，如图 4-1-9 所示，就可以按照"热搜汽车、电动汽车、微型车、小型车、中级车、SUV 和汽车月搜榜"等分别查看搜索指数。

二、百度指数

百度指数（Baidu Index）是以百度海量网民行为数据为基础的数据分析平台。

目前，百度指数基于单个词的主要功能有趋势研究、需求图谱和人群画像。更多行业深度数据分析需求需要"百度指数专业版"。

下面以关键词"刀片电池"为例，具体介绍趋势研究、需求图谱和人群画像，时间段：2020 年 1 月 1 日至 2020 年 5 月 28 日。

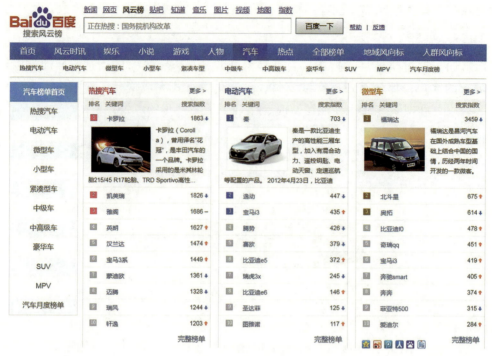

图 4-1-9　百度搜索风云榜汽车榜单

1）打开百度指数主页（http://index.baidu.com/），登录百度账号（必须登录才能使用），登录后在搜索框中输入"刀片电池"，首先出现的是"趋势研究"，如图 4-1-10 所示。这里可以分别查看"搜索指数""资讯指数"和"媒体指数"的趋势，并支持按需要的时间段查看。

图 4-1-10　趋势研究

2）单击"需求图谱"，就会呈现用户在搜索该词前后的搜索行为变化中表现出来的检索词需求，如图 4-1-11 所示，支持以周为时间段查看。根据"需求图谱"，下面还会展示"相关词热度"。

图 4-1-11　需求图谱

3）单击"人群画像"，如图 4-1-12 所示，可以按照"地域分布""人群属性""性别分布"和"兴趣分布"对关键词进行分析，并支持按需要的时间段查看。

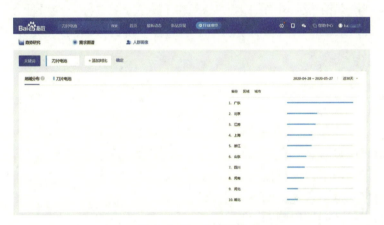

图 4-1-12　人群画像

百度搜索风云榜的核心功能是榜单排行，相比而言，百度指数的核心功能是数据分析。

单元小结

1. 主要的中文搜索引擎有百度、搜狗、神马、360、谷歌、必应。
2. 搜索引擎营销特点：企业使用门槛低、用户使用广泛、用户针对性强、商家竞争激烈、营销与网站优化密不可分、营销不能实现直接交易。
3. 搜索引擎营销模式：登录分类目录、搜索引擎优化、关键词广告、关键词竞价名次、网页内容定位广告。
4. 百度搜索推广包括搜索推广、品牌推广、商品推广、本地推广和 App 推广等。
5. 用户的搜索意图主要有导航型搜索、信息型搜索和事务型搜索。

学习单元二
问答平台营销

情境导入

假设你是吉利汽车销售公司的工作人员,部门领导分配给你一项新任务,使用百度知道开展企业品牌宣传,组织营销活动。请问你了解问答平台的营销模式吗?知道使用问答平台营销有何技巧吗?

学习目标

1. 能够注册百度账号。
2. 能够在百度知道平台进行提问。
3. 能够在百度知道平台进行回答。
4. 能够编辑合适的问答标题和内容。

理论知识

一、问答平台简介

目前,问答领域产品已经形成混乱纷争的割据态势,在国内比较主流的问答平台有百度知道、知乎、360问答和悟空问答等。

1. 百度知道

百度知道是一个基于搜索的互动式知识问答分享平台,于2005年6月21日发布。百度知道是用户有针对性地提出问题,通过积分奖励机制发动其他用户来解决该问题。

百度知道的最大特点在于和搜索引擎的完美结合,用户既是百度知道内容的使用者,又是百度知道的创造者,在这里累积的知识数据可以反映到搜索结果中。通过用户和搜索引擎的相互作用,实现搜索引擎的社区化。

2. 知乎

知乎是一个网络问答社区，于2010年12月开放。知乎更像一个论坛，用户围绕着某一感兴趣的话题进行相关的讨论，同时可以关注兴趣一致的人。从2011年开始，知乎接受了多轮融资，包括2015年11月腾讯和搜狗的融资，从此，知乎也正式出现在搜狗搜索的主页栏目中。

3. 360问答

360问答是360搜索旗下的产品，于2012年9月22日上线。在360问答上，由用户有针对性地提出问题，并由问答本身的奖惩机制来发动其他用户解决问题，与百度知道的模式非常相似。

与其他问答平台不同的是，360问答依托于奇虎360强大的安全技术支持，在"反作弊、反广告、反垃圾"方面一直成绩显著，致力于为用户打造一个干净、安全、可靠的问答环境。

4. 悟空问答

悟空问答于2016年春节前后开始内测，2017年6月正式升级为"悟空问答"。悟空问答沿用了今日头条的大数据智能推荐算法，根据用户的阅读、评论等操作行为进行内部系统评分和排名，优胜劣汰地为用户精准推荐。

此外，其他常见的问答平台还有爱问、搜狗问问和分答等。

二、问答平台营销及其特点

问答营销是借助于问答社区进行口碑营销的一种网络营销方式。通过遵守问答站点（百度、知乎等）的发问或回答规则，巧妙地运用软文，让自己的产品、服务植入问答里面，达到第三方口碑效应。通过问答营销，企业既能与潜在消费者产生互动，又能植入商家广告。

同时，需要指出的是，问答平台营销只能作为辅助SEM（搜索引擎营销）、流量渠道和辅助营销的手段，而且只能采用软文的方式，不管提问和回答，都不能出现明显的推广营销信息，否则很容易被各个问答平台删除、警告甚至封号。

问答营销的主要特点有：

1. 互动性

问答类的互动效果可以充分地补充网站内容的不足，也能让读者完善知识面，这样的互动效果不仅起到了针对性效果，又能起到广泛性的效果。例如，在百度知道回答者的下面有点赞、评论和分享按钮。

2. 针对性

问答可以针对某个目标群体，根据群体的特点选择关注的焦点，充分调动这个人群的力量，达到具有针对性的效果。也可以针对话题做讨论，让更多的人来参与，达到人群融合的效果。

3. 广泛性

问答营销的特点本身就决定了问答营销的广泛性，一个问题，可以引来不同人群的讨论，一个事件可以引来不同人群的评论。

4. 媒介性

可以通过文章或者问题的形式在各大平台或者媒体投稿，只要稿件通过或者问题通过，那么就可以借助媒介达到更好的宣传效果。

5. 可控制性

如果是做平台或者做媒介的，评论可以通过审核的方式来控制，去除重复的、不符合规定的评论，从而达到让读者受益，让内容健康的效果。

三、问答平台营销模式

问答平台营销模式分为单一回答问题、自问自答和硬广告三种模式。

1. 单一回答问题

在问答平台回答别人的提问，这是最常见的方式。例如，在百度知道中寻找目标问题，从百度知道首页"在问"栏目中选择"汽车"板块，如图 4-2-1 所示，还可以输入关键词进行筛选，最后回答与企业相关的问题。

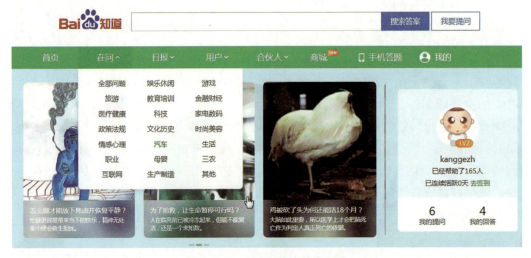

图 4-2-1　百度知道中寻找问题

2. 自问自答

企业可以通过不同账号间的问和答来自问自答，从而传播企业想要输出的信息。企业要根据所在的行业，结合产品和网民的搜索习惯，选取有搜索量的目标关键词，从用户的角度提出问题，常见的是关于企业产品和品牌的问题。

3. 硬广告

这也是网络营销重要的模式，只要有流量的地方，就可以放置广告。在问答的下面可以相对精准地设置各种广告。

此外，广义的问答营销还包括事件问答、娱乐评论、促销评论、短信问答、传真问答、邮件问答和媒体代发等。

四、问答平台运营

1. 问题的标题

问题的标题如果能符合网民的搜索习惯，就能从搜索引擎中获取更多的流量，提高曝光率。

2. 问答内容

只有靠谱的内容才能打动和影响用户，企业在问答营销时不能带有过强的广告倾向。答案应该清晰明白，便于用户查看理解。企业在提问或作答时要更多从用户的角度思考，应该多传递一些有价值的内容，从而引来关注和重视。

3. 多个账号循环使用

企业在做问答推广时，千万不要只使用两个固定的账号循环问答。那样问题很容易被删除，甚至被封号，尽量多注册几个账号循环使用。并且，每个账号都要用不同的 IP 地址登录，这样才会不被看作有做广告的嫌疑。

4. 问题的更换

企业可以利用不同的账号在问答平台上发布同样的问题。利用不同的语言组织形式反复提问同样的问题，网民在搜索这方面的信息时，就很容易看到这些问答。例如，"比亚迪电动汽车充一回电要多少钱""比亚迪新能源汽车充一次多少钱""比亚迪 e6 纯电动车充一次电需要多少钱"和"比亚迪出租电动汽车充一次电多少钱"等。

5. 及时监控问题

问题和答案都会受到平台的审核，还会受到用户的监督举报，对于违反平台规则的信息会遭到平台的删除甚至封号。及时监控不仅是对问题和答案的状态监控，也可以及时与用户互动，包括追加问题和评论。

6. 谨慎插入链接

各大问答平台都有相关的规则管理外链广告推广行为，所以，在回答内容中插入链接时一定要与内容相关。插入不相关的推广链接很容易遭到平台的惩罚。

7. 用户认证

各个问答平台都有各自的关于个人和企业的认证系统。经过认证的个人和企业都会有特殊的认证标识，企业官方的回答更权威，更值得信赖。

典型案例

百度问答平台凯迪拉克账号介绍

在百度知道首页（https：//zhidao.baidu.com/）下方"权威机构"栏目中单击"凯迪拉

克"图标,就可以进入其主页(https://zhidao.baidu.com/business/profile?id=21078),如图4-2-2所示。

图4-2-2　百度问答平台凯迪拉克账号

左上角是凯迪拉克的车标、名称、认证符号和介绍,右上角有关注和提问按钮,在主页上有三个栏目:"全部回答""精彩回答"和"原创文章",可以查看凯迪拉克的回答。例如,单击"精彩回答"中的第一条"凯迪拉克 XTS 定速巡航是怎么使用",可以查看其具体的回答内容,如图4-2-3所示。

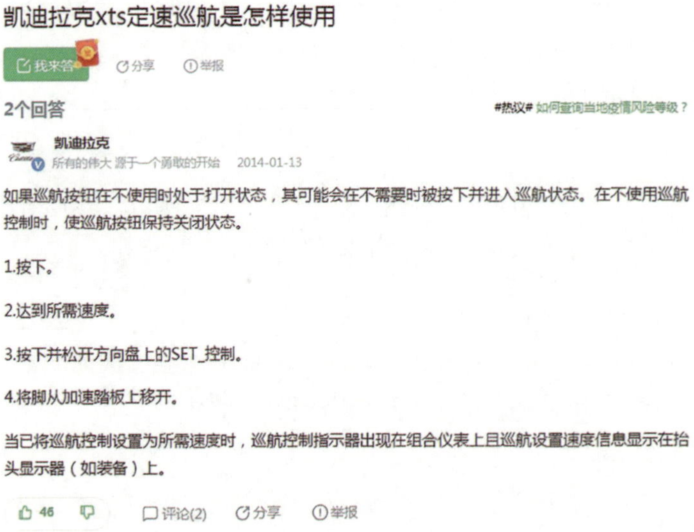

图4-2-3　精彩回答中的问答

㊀ 百度知道提问规范:知道鼓励大家客观、简洁、清晰、规范地提出问题,禁止无意义、广告等提问行为。
百度知道问答规范:根据自己的知识、经验或者见解解答提问者的疑问,帮助提问者,鼓励准确、详细的解答,禁止低质、广告等内容。

主页的右侧是"更多信息",包括经营范围、电话和简介。

实践操作

一、百度知道问答平台的注册

百度知道属于百度平台下的一项服务,使用百度账号登录。

1)打开百度首页(https://www.baidu.com/),单击右上角的"登录"按钮,弹出登录对话框,如图4-2-4所示,推荐使用百度App扫码登录,还可以用QQ、微博和微信账号等登录。单击右下角"立即注册",进入注册界面。

2)在注册界面填写用户名、手机号、密码和验证码,勾选下面的"阅读并接受",最后单击"注册"按钮即可完成注册,如图4-2-5所示。

图 4-2-4　百度账号注册一　　　　　　图 4-2-5　百度账号注册二

二、百度知道问答平台的提问

1)登录百度账号后,打开百度知道首页(https://zhidao.baidu.com/),如图 4-2-6 所示。在搜索框中输入想要提问的问题,单击"搜索答案",查询结果如果没有对应的问题,再单击右侧的"我要提问"。当然,也可以直接单击右侧的"我要提问"进行提问。

2)进入提问界面后,如图 4-2-7 所示,填写提问标题(标题小于 50 字)和问题详细说明,在左下角还可以添加视频和图片来更好地描述问题,最后单击提交按钮等待网友的回答。勾选"匿名"后匿名提问。

3)提交问题后,可以对问题进行修改,如图 4-2-8 所示;还可以对问题添加标签,这样可以更快地找到回答者;可以设置悬赏来吸引回答者;可以勾选短信通知。

图 4-2-6　百度知道首页

图 4-2-7　百度知道提问界面

图 4-2-8　问题修改界面

三、百度知道问答平台的回答

1)登录百度账号后,打开百度知道首页(https://zhidao.baidu.com/)。例如,回答汽车类问题,单击"在问—汽车",如图4-2-1所示。进入汽车问题相关分类界面,如图4-2-9所示,在这里挑选与企业相关的问题回答,还可以按照关键词进行再次筛选。

图4-2-9 问题分类界面

2)例如,选择"魏派VV51.5T轮毂是多少寸?"这个问题,进入回答问题界面,如图4-2-10所示。在这里,不仅可以编辑文字,还可以添加链接、图片、视频、地图和网盘资源等。

图4-2-10 回答问题界面

单元小结

1. 国内比较主流的问答平台有百度知道、知乎、360问答和悟空问答等。

2. 问答营销的主要特点有互动性、针对性、广泛性、媒介性和可控制性。

3. 问答平台营销模式分为单一回答问题、自问自答和硬广告三种模式。

4. 问答平台运营技巧:问题的标题符合网民的搜索习惯、问答内容要靠谱、多个账号循环使用、及时监控问题和谨慎插入链接等。

学习单元三
论坛平台营销

情境导入

假设你是某销售公司的工作人员,部门领导分配给你一项新任务,使用百度贴吧开展企业产品宣传,组织营销活动。请问你了解常见的论坛平台有哪些?知道怎么在百度贴吧发帖和回帖吗?

学习目标

1. 能在百度贴吧发帖中加入热门话题。
2. 能够结合企业产品使用情况发布分享型帖子。
3. 能够发布介绍企业产品的帖子。
4. 能够回复版主/置顶/精华帖子,增加账号等级。
5. 能够回复与企业产品相关的帖子,与网友互动。

理论知识

一、论坛平台简介

网络论坛(网络社区)是一个通过发帖和回帖进行讨论的网络平台,就是大家口中常提到的 BBS,BBS 的英文全称是 Bulletin Board System,翻译为中文就是"电子公告板"。网络论坛是早期网络社交媒体的重要平台,后续社交媒体又出现了微博和微信等平台,但直到今天网络论坛依然有其独特的影响力。

网络论坛根据其专业性可分为综合类论坛和专题类论坛。综合类论坛以百度贴吧、天涯论坛、豆瓣网和猫扑网为代表,这些平台拥有较大的用户群体和全国性的影响力;专题类论坛是基于地理位置或某些垂直专业领域的中小型论坛,如汽车之家论坛、中关村在线论坛、唐山论坛、久游论坛、考研论坛、小米社区及丁香园论坛等。

1. 百度贴吧

百度贴吧又称贴吧，是百度旗下的独立品牌，2013年底正式上线，目前是全球最大的中文社区。贴吧是一个基于关键词的主题交流社区，它与搜索紧密结合，准确把握用户需求，为兴趣而生。

贴吧的组建依靠搜索引擎关键词，不论是大众话题还是小众话题，都能精准地聚集大批相同爱好的网友，展示自我风采，结交知音，搭建别具特色的"兴趣主题"互动平台。贴吧目录涵盖社会、地区、生活、教育、娱乐明星、游戏、体育、企业等方方面面，它为人们提供了一个表达和交流思想的自由网络空间，并以此汇集志同道合的网友。

2. 天涯论坛（社区）

天涯社区是一个综合性虚拟社区和大型网络社交平台，于1999年3月创办，总部设立在海口市。

天涯社区自创立以来，以其开放、包容、充满人文关怀的特色受到了全球华人网民的推崇，经过多年的发展，已经成为以论坛、博客、问答为基础交流方式，综合提供个人空间、相册、音乐盒子、分类信息、站内消息、虚拟商店、来吧、问答、企业品牌家园等一系列功能服务，并以人文情感为核心的综合性虚拟社区和大型网络社交平台。

二、论坛平台营销

网络论坛营销是指企业利用论坛这种网络交流平台，通过文字、图片和视频等方式发布企业产品和服务信息，从而让目标客户更加深刻地了解企业的产品和服务，最终达到企业宣传品牌、加深市场认知度的网络营销活动。

对于企业而言，论坛营销有助于企业积累人气，从而提升知名度，形成传播的口碑效应。对用户而言，论坛的开放性、低门槛使得大多数网友都能参与其中，用户的很多诉求都会在论坛里表达，使论坛充满活力和人气。

三、论坛平台营销优点

论坛平台具有以下几方面优点。

1. 传播广

论坛的开放性使得它的传播范围很广。

2. 可信度高

相比于单纯的广告，论坛的信息可信度更高。

3. 互动性强

在论坛里发帖回帖十分方便，交流互动性强。

4. 精准度高

论坛的用户交流通常有固定精准的范围。

5. 话题性强

论坛帖子的话题性很强,能带动用户参与进来。

四、论坛营销发帖的类型

1. 事件型

利用社会热点事件吸引读者眼球,赚取点击和转载。

2. 亲历型

利用自己和身边朋友的亲身经历,展现真实效果。如图4-3-1所示,在百度贴吧"吉利帝豪吧",有网友发帖"帝豪gs 帝豪gl 通用安装第三方APP软件方法,亲测可用"。

图4-3-1 亲历型

3. 解密型

以独特角度对产品进行客观剖析。如图4-3-2所示,在百度贴吧"荣威吧",有网友发帖"多个黑科技首次上车,荣威RX5 PLUS引领智联网汽车'情境智能'"。

图4-3-2 解密型

4. 求助型

直接提出问题和需要帮助的需求,在其中植入产品。如图4-3-3所示,在百度贴吧"荣威i5吧",有网友发帖"这个插口是干什么用的,有大神吗"。

图4-3-3 求助型

5. 分享型

分享收获和产品使用经验，给用户一定的参考。如图 4-3-4 所示，在百度贴吧"荣威 i5 吧"，有网友发帖"今天给大家分享一下自己更换两个空滤。1. 费用 50 元，某宝买的"。

图 4-3-4　分享型

6. 幽默型

幽默有趣的帖子能带动用户参与，并使人印象深刻。

五、论坛营销的运营

1. 筛选人气论坛

论坛营销一般选择人气旺、流量高、注册容易、可发超链接的论坛。

2. 互动回帖

积极参与互动，给人解答问题，积极回帖，但不要什么帖子都回复，应该选一些人气高的、比较有特点的帖子回复，重点回复置顶帖和版主贴。还可以用其他账号给自己帖子回复不同内容，要引导论坛中帖子的内容往企业积极方向发展。

3. 软文推广

在论坛平台推广一定要用软文的形式，各个论坛平台都有禁止广告和外链的规定⊖，如果违反其规定会遭到删帖甚至封号。

4. 掌握发帖时间

经常更新论坛中的帖子内容，保持帖子活力。根据网民的上网习惯，选择合适的时间进行发帖，比如工作日的下班后（18:00-23:00）、周末午饭后（13:00-14:00）等时间段。

5. 申请加精

论坛中的帖子数量非常巨大，如果认为自己创作的软文质量很高，可以找版主/吧主申请加精、标红点亮标题和置顶，如果文章可读性高，还可能被推荐到首页。如图 4-3-5 所示，在百度贴吧"荣威 i5 吧"中的加精帖子"今天放假把荣威 i5 后门音响给加装一下"。

⊖ 天涯论坛：即日起，天涯社区将加大外链广告治理力度，包括但不限于回帖及发送站短信中提及微信、公众号、QQ 群、QQ 号、淘宝、微店等恶意推广行为，社区都将进行严格处理，视情节轻重，将采取删除帖子，封杀或注销 ID 等措施。

图 4-3-5 加精帖子

6. 培养意见领袖

在论坛中培养意见领袖、塑造领导人物，能在很大程度上带动其他用户参与，从而进一步引导潜在用户关注企业产品。或者还可以"招安"舆论领袖。

典型案例

百度贴吧"荣威 i5 吧"介绍

在百度贴吧首页（https：//tieba.baidu.com/）搜索框中输入"荣威 i5"，单击"进入贴吧"就可以进入"荣威 i5 吧"，如图 4-3-6 所示。

图 4-3-6 荣威 i5 吧

左上角是荣威汽车 logo 和贴吧名称"荣威 i5 吧"，后面有关注和取消按钮，以及关注的人数和帖子的数量。

下面是贴吧的主要内容，分为看帖、图片和精品，用户可以在默认的"看帖"界面下浏览贴吧内容，最上面显示置顶和最新发帖/回帖内容，下拉可查看更多内容，还可以直接查看"精品"中的内容。

最右侧有竖排工具栏供用户发帖、刷新、分享、反馈和返回顶部等。

实践操作

一、百度贴吧发帖

想要在百度贴吧发帖,首先得登录百度账号,然后进入相应的贴吧,比如进入"荣威i5吧",单击右侧的"发帖"按钮,如图4-3-6所示,即可进入编辑界面。

进入发帖编辑界面后,默认进入"发表新贴"(如果是充值会员或者达到一定等级后可选择"发起投票"),如图4-3-7所示。

图4-3-7 百度贴吧发帖

1. 帖子标题

只有足够吸引眼球的标题,才能换来网民的高点击率。在选择标题的时候,应该忘记自己推广产品的身份,而用网民的思维来选择标题。购买贴吧会员可以发红色标题帖。

2. 帖子正文

在帖子正文中,除了使用文字外,还可以使用气泡、图片、视频、表情、涂鸦和话题。"气泡"可以看成是带有不同颜色和动画等装饰的背景,需要单独购买或开通会员才能使用。"图片"可以选择自定义水印,不过也需要单独购买或开通会员才能使用。单击"话题"可以插入贴吧热门话题。

为企业宣传用的广告帖,一定要有技术含量,先满足大众再满足自己,无痕巧妙地植入广告才是最高明的手法。

二、百度贴吧回帖

对帖子进行回复首先得登录百度账号，进入帖子正文后，如果想对发帖者(楼主)进行回复，直接单击上方的"回复"，即可进入相应的编辑界面。如果对其他评论者进行回复，可直接单击评论者楼层的"回复"，如图 4-3-8 所示。

图 4-3-8　百度贴吧回帖

回复发帖者可以使用贴吧特权、文字、图片、视频、表情和涂鸦等功能，如图 4-3-9 所示。"贴吧特权"包括发帖气泡和炫彩字体，但需要单独购买或开通会员才可使用。

图 4-3-9　回复发帖者

回复评论者仅能使用文字和表情功能，如图 4-3-10 所示。

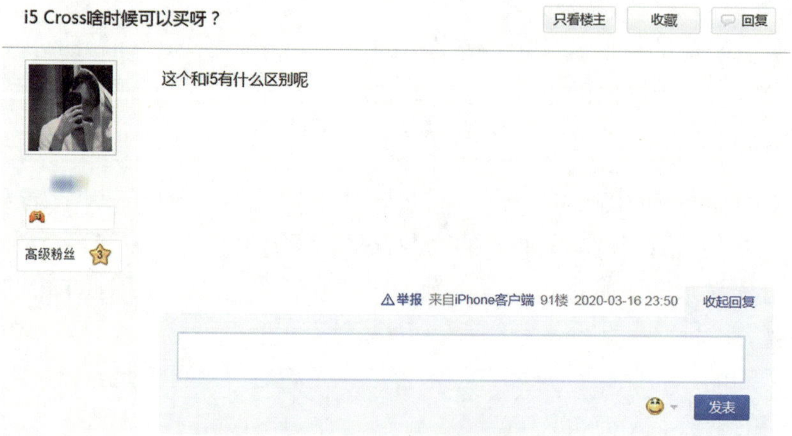

图 4-3-10　回复评论者

单元小结

1. 论坛根据其专业性可分为综合类论坛和专题类论坛。综合类论坛以百度贴吧、天涯论坛和猫扑网为代表；专题类论坛有豆瓣网、中关村在线论坛、唐山论坛、久游论坛、考研论坛、小米社区及丁香园论坛等。

2. 论坛平台具有的优点：传播广、可信度高、互动性强、精准度高、话题性强。

3. 论坛营销发帖的类型主要有事件型、亲历型、解密型、求助型、分享型、幽默型。

4. 论坛营销的运营：筛选人气论坛、互动回帖、软文推广、掌握发帖时间、申请加精、培养意见领袖。

学习单元四
微信平台营销

情境导入

假设你是某 4S 店的销售人员,销售经理分配给你一项新任务,建设本店自己的微信公众号,负责开展微信营销,请问你会注册微信公众号吗?你知道怎么使用微信公众号进行营销吗?

学习目标

1. 能利用微信朋友圈开展营销活动。
2. 能利用微信群和扫一扫等结合微信红包开展营销活动。
3. 能设置吸引人的信息封面并用订阅号发布营销信息。
4. 能根据企业自身特色设置微信号和头像。
5. 能够独立注册微信公众号。

理论知识

一、微信及微信营销简介

1. 微信

微信(WeChat)是腾讯公司于 2011 年 1 月 21 日推出的一个为智能终端提供即时通信服务的免费应用程序,目前,微信已经成为中国社交应用最火热的手机 App。

2. 微信营销

微信营销是网络经济时代企业或个人营销模式的一种,是伴随着微信的火热而兴起的一种网络营销方式。

微信营销主要是指在安卓系统、苹果系统的手机或者平板电脑等移动客户端进行的区域定位营销，商家通过微信公众平台，结合转介率○微信会员管理系统展示商家微官网、微会员、微推送、微支付、微活动，形成了一种主流的线上线下微信互动营销方式。

二、微信营销的特点

1. 定位精准

通过一定的分类标准，企业可以将用户进行分类，很好地选出自己的目标客户。利用微信公众号这一平台，将企业信息点对点定位精准地推送到目标客户那里。

2. 传播速度快

朋友圈在信息的传播方面有自己独特的优势，当某一位朋友圈的用户接受并认可企业推送的某一条信息之后，他就会转发并进一步分享到自己的朋友圈，这样他微信里的朋友们就可以看到这一信息。通过一级一级的传播，这一信息就可以在短时间内大量传播。

3. 营销模式多元化

微信营销有众多的营销模式，比如最常见的有朋友圈、微信群、位置签名、二维码、开放平台、微信公众平台等，且它们各具特点，出于不同的营销目的，企业可以形成不同的模式组合。

4. 互动性高

相比其他传统的社交软件，极高的交互式是微信最大的优势，用户可以通过作为微通道的公共平台和企业像交朋友那样交流沟通。

5. 潜在客户众多

截至 2019 年 12 月 31 日，微信和 WeChat 的合并月活跃账户数为 11.648 亿。越来越壮大的微信用户群体，正是企业微信营销的潜在客户。

6. 营销成本低

相比传统营销，微信营销成本比较低廉。传统营销如纸媒、电视媒体营销通常包括印刷、人力、纸张、器材等一系列成本，而微信营销仅包括活动红包、优惠券、抽奖等成本。

三、微信营销模式

利用微信进行营销，是围绕着微信庞大的用户量及其各种功能进行的，主要有朋友圈、微信群、摇一摇、附近的人、扫一扫、微信红包、投放硬性广告及微信公众平台。

1. 朋友圈

企业可以利用朋友圈中的纯文字、图片动态、分享链接和小视频等来做营销，还可以借助热门话题分享增加品牌和营销活动的曝光率，如图 4-4-1a 所示。

○ 转介率是指老客户转介绍新客户占客户总成交的比例。

2. 微信群

这是微信营销开始时最常见的手段，即给微信用户群发消息，把消息像病毒一样传播和扩散开去，如图4-4-1b所示。

3. 摇一摇、附近的人

企业可以通过"摇一摇"和"附近的人"等方式，找到更多的微信客户，前期可以与他们简单地聊天，等到熟悉了，再加为好友，然后在朋友圈和微信群等发布营销活动。

4. 扫一扫

企业可以通过扫一扫与二维码的结合，使客户很容易地添加企业公众号，尤其适合大型汽车展会，配合活动赠送小礼物，可以大大增加企业公众号的粉丝数量。

5. 微信红包

企业可以通过抢红包的方式吸引用户积极参与，引起用户对企业的强烈关注，找到潜在客户，配合"摇一摇"和"附近的人"，实施针对性营销活动。

6. 投放硬性广告

硬性广告简单地说就是轰炸式广告展示，即充分利用微信庞大的用户量进行展示。腾讯拥有比较完善的用户资料，可以更精准地投放广告，可以按地区、性别、位置进行展示。现在比较成熟的有在朋友圈、公众号文章底部投放的硬广告，如图4-4-1c所示。

a）利用朋友圈营销　　　　b）利用微信群营销　　　　c）朋友圈中的硬广告

图4-4-1　常见微信营销模式

四、微信公众平台

1. 公众平台简介

微信公众平台简称公众号,于 2012 年 8 月 23 日正式上线,曾命名为"官号平台"和"媒体平台"。微信公众平台是腾讯公司在微信的基础上新增的功能模块,个人和企业都可以在公众号上群发文字、图片、语音及其他自定义信息,它是营销宣传的良好平台。

公众号主要通过公众号消息会话和公众号网页为用户提供服务。

2. 公众平台分类及其功能

微信公众号的账号类型主要有四类,分别是订阅号、服务号、微信小程序和企业微信。

(1) 服务号

服务号可为企业和组织提供更加强大的业务服务与用户管理能力,主要偏向服务类交互,适用于媒体、企业、政府或其他组织。服务号 1 个月内可发送 4 条群发消息,其显示位置和平常朋友聊天位置一样,如图 4-4-2a 所示的中国银行微银行。

(2) 订阅号

订阅号可为媒体和个人提供一种新的信息传播方式,主要功能是给用户传送资讯,适用于个人、媒体、企业、政府或其他组织。订阅号 1 天内可群发 1 条消息,订阅号全部集中在"订阅号信息"中显示,如图 4-4-2b 所示的比亚迪汽车。

(3) 微信小程序

微信小程序是一种不需要下载安装即可使用的应用,它的特点是小而快。微信小程序更适合小工具和小游戏,如图 4-4-2c 所示的中国联通营业厅,可以和订阅号或服务号配合使用。

a) 服务号　　　　b) 订阅号　　　　c) 微信小程序　　　　d) 企业微信

图 4-4-2　微信公众号的账号类型

（4）企业微信

企业微信是企业通信与办公工具，与钉钉功能类似，需要单独下载 App 使用，如图 4-4-2d 所示。

选择公众号类型的时候，要结合自己的实际需求，如果是企业内部通信管理就应该选择企业号。而对于订阅号和服务号，企业和个人需要根据自己的目标需求进行选择。如果想要开店或者涉及支付等方面的内容时，就不能是订阅号，必须是服务号。

3. 公众平台的认证

（1）微信公众号认证后的好处

微信公众号认证后，首先，用户将在微信中看到微信认证特有的标识，这是企业身份和品牌的象征；其次，对用户在微信内进行信息搜索等方面有积极作用；再次，获得更丰富的高级接口，可向用户提供更有价值的个性化服务。

（2）微信公众号的认证条件

目前非个人类型的公众号，只要信息登记审核通过即可申请认证。2014 年 8 月 26 日之后注册的个人类型公众号，已经不支持微信认证。政府及部分组织（基金会、国外政府机构驻华代表处）免收认证费用；其他类型的认证需要缴纳 300 元 / 次，期限 1 年。

五、微信公众平台运营

1. 公众平台内容

（1）内容个性化

个性化的内容不仅可以增强用户黏性，使之持久关注，还能让企业微信公众号在众多公众号中脱颖而出。

（2）内容有价值

在利用微信进行营销的过程中，企业一定要注意内容的价值和实用性。这里的实用性是指符合用户需求，对用户有利、有用、有价值的内容。

2. 微信粉丝

增加粉丝数量是每一个公众号运营的重要任务，但是微信营销也一定要注重粉丝的质量。微信营销的核心就是让粉丝依赖于我们，不管是内容还是功能，都要从维护粉丝的角度出发。一个企业微信营销是否成功，就是看其粉丝对于企业的依赖性。

3. 微信活动

微信营销比较常用的是以活动的方式吸引目标消费者参与，从而达到预期的推广目的。企业可以发起一些答题赢奖品的活动，采取有奖答题闯关的模式，设置每日有奖积分，最终积分最高的获得丰厚大礼，这种方式特别吸引用户，可以有效调动用户参与活动的积极性，从而拉近企业与用户的距离。

4. 信息推送

现在每个微信用户都会订阅多个公众号，推送的信息一多根本看不过来，所以推送频次最好一周不要超过 5 次，太多了会影响用户体验，当然推送太少了也不能引起用户的注意，所以一定要把握好度。

5. 信息封面

这里的信息封面指的是进入订阅号消息时，某一个订阅号的消息推送封面，这个封面是给微信用户的第一印象。在众多的订阅号消息推送中，如何让用户看一眼就去浏览微信公众号推送的消息呢？这就需要我们精心布置信息封面。可以在相关图片上加入大标题，如"火速围观""好消息来了""官宣""重要通知"等，吸引用户看到标题上的核心内容。

典型案例

宝马汽车微信公众号介绍

宝马（BMW）是享誉世界的豪华汽车品牌，宝马汽车微信公众号是"宝马中国"，界面主菜单有"在线'吸'车"、"特色栏目"和"品牌车型"三个栏目，如图 4-4-3 所示。

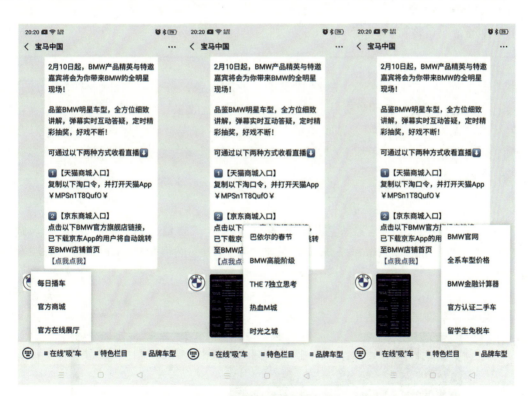

图 4-4-3　宝马汽车微信公众号

"在线'吸'车"里面有三个子菜单，分别是"每日播车""官方商城"和"官方在线展厅"。例如进入"官方在线展厅"，单击启动按钮则可以与产品精英视频交谈，开启视频看专业人士为您介绍宝马汽车，近距离探索 BMW 的非凡所在。

"特色栏目"中则邀请明星与著名导演联合推出一些微电影，里面的子菜单有"巴依尔的春节""BMW 高能阶段""THE7 独立思考""热血 M 城"和"时光之城"。如在"巴依尔的春节"中，微电影直观地把 BMW 元素带到视频中，让观众在看电影的同时间接地了解一些车辆性能。

"品牌车型"是与用户购买相关的部分，其中的子菜单有"BMW 官网""全系车型价格""BMW 金融计算器""官方认证二手车"和"留学生免税车"。其中"BMW 官网"功能比较全面，车型可以"按车系查看"和"按类别查看"，查看任何一款车都会有"预约试驾"和"了解更多礼遇"，从中可以查找经销商、咨询销售信息和索取产品手册。

实践操作

微信公众号的创建

1. 微信号的设置方法

微信号的设置非常重要，如果设置得太复杂，就容易让用户在搜索微信号的时候因为字符过于复杂而放弃搜索。另外，没有特色的微信，会让人印象不深刻，导致关注率降低。

常见的微信号设置有拼音法、英译法、缩写法、官网法，无论是采用哪种取名方法，都要简单并体现企业名称特色。

2. 头像设置

在新媒体时代，企业的公众号头像代表着企业的形象，一个有个性、有吸引力的头像，能让人记忆深刻，形成品牌印象，从而使公众号达到引流效果。

在微信中无论用户是在聊天界面还是在订阅号中，首先看到的都是小小的头像。例如，长城汽车微信公众号头像，就是长城汽车品牌 logo，让读者、粉丝第一眼就能在众多的微信公众号中看到它。

3. 微信公众号注册（订阅号）

1）在计算机上打开浏览器，然后在搜索框里输入"微信公众平台"后，进入微信公众平台官网 https://mp.weixin.qq.com，如图 4-4-4 所示，然后单击右上角的立即注册按钮即可。

图 4-4-4　微信公众平台网页界面

2）单击进入后选择注册的账号类型，这里有四个选项，如图4-4-5所示，选择"订阅号"，订阅号适合个人及媒体注册，服务号适合企业和组织注册。

图4-4-5　注册的账号类型界面

3）进入注册第一项，基本信息的填写，如图4-4-6所示。按照规定填写邮箱、验证码和密码等，并勾选我同意并遵守《微信公众平台服务协议》，然后单击注册按钮，进入下一步。

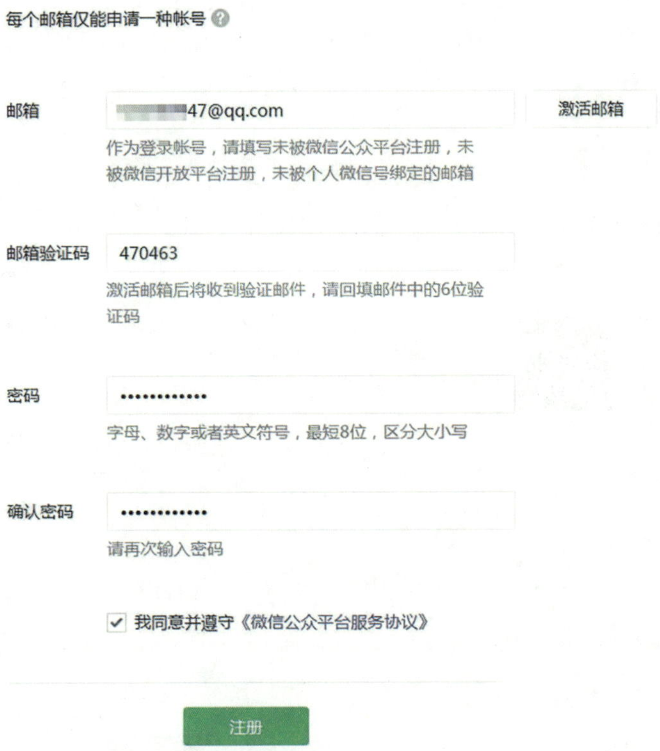

图4-4-6　注册第一项界面

4）进入注册第二项，首先选择企业注册地，然后选择类型，如图 4-4-7 所示。一旦成功建立账号，类型不可更改，我们选择"订阅号"，进入下一步。

图 4-4-7 注册第二项界面（订阅号）

5）进入注册第三项，信息登记，如图4-4-8所示。我们选择"个人"，然后登记身份证姓名、身份证号码，经管理员身份验证和管理员手机号码验证，单击继续进入下一项。

图4-4-8 注册第三项界面（个人）

6）进入注册第四项，公众号信息填写，如图4-4-9所示。填写账号名称、功能介绍和运营地区，最后单击"完成"。

图 4-4-9　注册第四项界面

4. 微信公众号注册（服务号）

1）选择注册的账号类型，这里有四个选项，我们选择"服务号"，如图4-4-10所示。

图 4-4-10　选择注册账号类型界面

2）进入注册第一项，基本信息的填写，按照规定填写邮箱、验证码和密码等，然后单击注册按钮，进入下一步（与注册订阅号相同）。

3）进入注册第二项，首先选择企业注册地，然后选择类型，我们选择"服务号"，如图4-4-11所示，进入下一步。

图 4-4-11　注册第二项界面（服务号）

4）进入注册第三项，信息登记，主体类型我们选择"企业"，如图 4-4-12 所示，然后进入主体信息登记，选择企业类型（企业或者个体工商户），填入企业名称，填写营业执照注册号，进行验证。

图 4-4-12　注册第三项界面（企业）

再填写管理员信息登记，包括管理员身份证姓名、管理员身份证号码和管理员手机号码，然后进行短信验证,通过后单击"继续"进入下一步。

5)进入注册第四项,公众号信息填写,填写账号名称、功能介绍和运营地区,最后单击"完成"(与注册订阅号相同)。

单元小结

1. 微信营销特点:定位精准、传播速度快、营销模式多元化、互动性高、潜在客户众多、营销成本低。

2. 微信营销模式:朋友圈、微信群、摇一摇、扫一扫、微信红包及投放硬性广告。

3. 微信公众号的账号类型主要有四类,分别是订阅号、服务号、小程序和企业微信。

4. 订阅号1天内可群发1条消息,全部集中在"订阅号信息"中显示;服务号1个月内可发送4条群发消息,服务号显示位置和平常朋友聊天位置一样。

学习单元五
视频平台营销

情境导入

假设你是某 4S 店的销售人员,销售经理分配给你一项新任务,建设本店自己的抖音账号,负责开展视频营销,请问你会进行抖音企业认证吗?你知道怎么使用抖音短视频进行营销吗?

学习目标

1. 能够注册抖音账号。
2. 能够发布加入音乐、字幕和特效的抖音短视频。
3. 能发布展示产品功能的抖音短视频。
4. 能利用热门话题发布营销视频。
5. 视频发布后能够与粉丝互动。

理论知识

一、视频平台简介

视频相比文字和图片而言,在表达上更为直观丰满。当下国内视频平台众多,按照主要内容可分为:

1. 网站视频类

这类视频平台出现时间较长,内容以电视剧、电影和综艺节目为主,当然随着移动互联网的发展,现在也涉及移动端 App 和直播。经过几轮兼并重组,现在常见的有优酷视频、爱奇艺、腾讯视频、搜狐视频、芒果 TV 等。

2. 短视频类

短视频是指在互联网新媒体上传播时长在 5min 以内的视频○。当下国内最火的短视频平台有抖音、快手、微视、秒拍、美拍等。

抖音，全称"抖音短视频"，是一款音乐创意短视频社交软件，用户可以通过这款软件选择歌曲，拍摄音乐短视频，形成自己的作品。抖音于 2016 年 9 月上线，由今日头条孵化。

抖音短视频营销的特点有智能推荐内容、用户量庞大、传播迅速、覆盖范围广、互动性强、营销简单、成本低等。本单元将以抖音短视频为主线来学习视频平台营销。

3. 直播类

视频直播平台是随着 4G 的普及而迅速发展起来的，几乎所有的视频平台都推出了自己的直播平台。当前国内热门的直播平台多数以游戏直播为主，主要有虎牙直播、斗鱼直播、YY、花椒直播、一直播等。

其他知名的视频平台还有西瓜视频和 B 站等。

二、网络视频营销

网络视频是指以 PC 或者移动设备为终端，以网络为载体，以网络新技术为基础，以流媒体为基本播放格式，用于信息交流的多种节目内容的影像。

网络视频营销是指建立在互联网技术基础之上，企业为了达到营销目的，而借助网络视频传递营销信息，推广企业品牌和服务的所有活动。

通过网络视频营销，企业可以立体化展示自己的产品和服务，用户也可以利用视频获取更直观的企业信息。分享视频或者在网络视频媒介上互动，也成为人们在社交网络生活中的重要内容。

三、视频平台营销模式

1. 硬广告

打广告是最常见的营销行为，这里把硬广告分成三类，即视频贴片广告、App 启动屏广告和信息流广告。

（1）贴片广告

贴片广告是指在视频片头、片尾或片中插入的广告。作为最早的网络视频营销模式，贴片广告可以算是电视广告在网络上的延伸，这种广告模式现在依然是广大传统视频平台的主要广告投放模式，包括爱奇艺、腾讯视频、优酷视频和搜狐视频等。

（2）启动屏广告

启动屏广告又叫开屏广告，广告在 App 启动时进行展示，视觉冲击强，强势锁定新生代消费主力，这是随着移动互联网发展起来的营销模式。图 4-5-1a 所示为雪佛兰开拓者的启动屏广告。

○ 随着中国短视频市场的竞争日趋激烈，增长空间见顶，抖音、快手等短视频平台有逐渐放开视频时长的趋势。

（3）信息流广告

信息流广告展示在抖音信息流内容中，展现样式原生，竖屏全新视觉体验，账号关联强聚粉，支持分享传播方式灵活，支持多种广告样式和效果优化方式。图4-5-1b所示为用户刷抖音时碰到的哈弗SUV的信息流广告。

2. 视频内容营销

按照视频内容的不同，可以分为植入式的软视频、产品功能展示、企业宣传视频和生产过程视频等。

（1）视频植入

植入式广告是指在影视剧情、游戏中刻意插入商家的产品或服务，以达到潜移默化的宣传效果。如图4-5-2a所示，宝马中国利用微电影《巴依尔的春节》展示其品牌。

a）启动屏广告　　b）信息流广告

图4-5-1　视频平台中常见硬广告

a）视频植入　　　b）产品功能展示　　　c）生产过程

图4-5-2　视频内容营销

（2）产品功能展示

如果企业的产品本身就具有明显的领先优势，如拥有独特的功能、融入了新奇的创意、有更高的科技含量等，可以直接展示产品。如图 4-5-2b 所示，在某特斯拉体验中心的视频中，展示特斯拉侧方自动泊车功能。

（3）企业文化宣传视频

通过视频形式展示品牌文化，企业通过产品文化的宣传推广，能使用户更认可企业产品。这种形式的网络内容营销具有特别的意义，因此越是大型公司，对于企业文化的宣传越重视。

（4）生产过程视频

将产品制作过程整合成视频展示，这种营销方式能加深用户对产品的认识，有助于打造产品文化，从而吸引用户关注和购买。如图 4-5-2c 所示，在某奔驰 4S 店视频中，对奔驰 C 级车生产过程进行展示。

3. 视频直播营销

（1）新品发布

视频直播可以实现极强的即时性和互动性，举办新品发布会，是用户了解企业产品的重要途径，也是企业联络、协调与客户之间相互关系的重要手段。图 4-5-3a 所示为比亚迪刀片电池技术发布会。

a）新品发布　　　　b）咨询答疑

图 4-5-3　视频直播营销

（2）企业宣传

以往企业进行宣传，往往通过纸媒、电视、网站视频等形式，用户了解企业也是通过他人转述，纸媒、电视、企业平台发布的信息等。而视频直播可以让用户近距离了解企业及其产品，对企业有更直观的了解。

（3）网红代销

利用网络知名红人代销产品，是时下最热门的营销模式之一。

（4）咨询答疑

对于汽车经销商而言，抖音直播的咨询答疑是他们进行营销的重要手段。用户询问价格、配置、功能和优惠政策等，主持人可以实时与用户互动。图 4-5-3b 所示为某红旗 4S 店直播带用户看车，解答用户疑问。

4. 直销

以上介绍了企业向用户推广产品的各种方式，用户认准一款产品后，最终需要购买。目前在抖音短视频平台，企业有方便的变现渠道，包括购买链接、POI 链接和小程序链接。

（1）购买链接

插入购买链接适合大多数在抖音开展营销的企业和个人，在短视频和直播的下面插入购买链接，可以直接跳转到商家的抖音店铺，也可以跳转到淘宝店铺的指定产品页面。

（2）POI 链接⊖

插入 POI 链接适合于那些有线下门店的企业，可以让线上与线下无缝对接。如图 4-5-4 所示，单击视频上的 POI，出现企业的详细地址、联系方式、营业时间、在售车系等信息，并提供询价预约功能。

图 4-5-4　POI 链接

⊖ POI 是 "Point of Information" 的缩写，翻译为 "信息点"，还有人解释成 "Point of Interest"，翻译为 "兴趣点"。POI 运用了基于位置的服务（LBS）定位技术，运营人员可以在发布的视频内容中添加门店 POI 信息。

（3）小程序链接

对汽车销售企业来说，在抖音短视频中插入"懂车帝"小程序也是一个很好的选择。如图 4-5-5 所示，用户单击小程序链接后直接跳转到企业在懂车帝的相关界面，这里可以全方位地展示企业及产品的相关信息，方便用户咨询、预约与联系。

图 4-5-5　小程序链接

四、抖音运营

1. 抖音粉丝

（1）内容导流

只有呈现出来的内容让人心动，同时让用户看到该账号的长期价值，让用户相信该账号可以持续输出这类内容，用户才会点击关注。

（2）互动导流

在抖音账号发布一条短视频，要想让这条短视频获得更大的曝光度，就必须提高评论量、点赞量和转发量。

（3）视频尾部导流

视频尾部加关注非常常见，运营人员可以在短视频结尾添加"如果喜欢，请不要吝惜您的点赞 / 关注""请点亮小红心"等提示语句。

2. 视频发布

（1）视频内容分类

抖音短视频的分类方法很多，按内容特点可分为让用户一见倾心的内容、搞笑类内容、治愈系内容、让用户心生敬畏的内容、无法言喻的影像和用户收藏的内容等。

企业想要在抖音平台打造爆款视频，最好以知识类、技能类内容为切入点，并且要结合企业自身的特点和热点来创作。

（2）视频封面设置

视频封面对粉丝有积极的引导作用，也便于用户在抖音"喜欢"栏目下寻找自己曾经点赞的内容。可以插入大字体和视觉冲击强的图片做封面。如图 4-5-6 所示，点开"哈弗 SUV"主页后，很容易看到其"作品"中的"车内空气循环系统"内容，方便用户查找观看。

图 4-5-6　视频封面设置

（3）视频音乐

音乐在增强短视频内容表现方面具有非常积极的影响，优秀的背景音乐也能为用户带来更多的创意和灵感，激发用户分享和传播短视频。

（4）视频字幕

字幕对整个视频内容呈现效果有着重要的影响，字号、字体、格式和颜色，都关乎用户观看视频的体验。在制作视频字幕时要充分考虑空间布置，界面右侧的功能按键可能会给用户观看视频造成一定的障碍，如果视频标题太长，字幕放在下面也会造成遮挡，影响用户观看。

（5）视频特效

这里"特效"是指抖音视频可以添加的特效、滤镜、画质增强、变声和自动字幕等。抖音的特效功能，是其吸引用户创作并分享短视频作品的关键手段。

3. 运营技巧

（1）发布时间和频率

把控短视频的发布时间，因为不同的时间段会有不同的用户观看内容，运营方应根据自身用户群的观看习惯进行选择。

发布视频的频率前期在一天两更新最好，后期可以稳定一天一更。视频尽量具有主题性和连载性，这样粉丝黏性更好，可以持续强化用户认知。可以根据视频类型的不同，将同类视频做成合集。图4-5-7所示为将关于天籁汽车的内容做成合集。

图 4-5-7　视频合集

（2）视频时长选择

对于带有明显广告性质的视频来说，并不是越长越好。抖音公布的数据显示，15s以内的短视频广告从完播率、转发率到评论率都要比长视频有明显提高。企业要结合自身发布视频的特点，合理安排视频时长。

（3）持续维护与互动

一般来讲，运营人员上传视频后，平台会先推荐给附近的用户，根据这些用户的完播率、点赞量等数据确定是否向更多的用户推荐。所以对已发布的视频，企业要与用户充分互动，引导用户发布积极正面、容易引发讨论的评论。

（4）打造品牌标签

打造品牌标签，指的是通过发布系列内容，让用户对企业品牌形成标签化认知。例如，在抖音运营的过程中，奥迪创作了系列剧情式短视频，增强了用户对奥迪品牌的标签化认知。

（5）借助热门话题

热门话题的优势在于容易引起用户的关注。发布视频时，企业可以选择适合自己的热门内容拍摄短视频，带上相关热门话题，也可以多选几个话题，来帮助视频快速传播。

（6）利用"DOU+"上热门

DOU+是为抖音创作者提供的付费视频加热工具，可以将你的视频推荐给更多用户或潜在粉丝。视频制作者可以根据自身的需求，定制不同的推荐方案。

4. 抖音企业认证

抖音官方认证分为个人认证、企业认证和机构认证。抖音企业认证是抖音官方面向企业提供的一种服务，可以帮助企业进行内容分发和营销推广，该功能于2018年6月正式上线。目前认证费是每年600元/次，认证的有效期为一年。

企业认证后享有包括独特外显、营销转化、客户管理、数据沉淀四大类特权。

典型案例

吉利汽车抖音账号介绍

打开抖音App，单击搜索图标，输入"吉利汽车"，第一个带蓝V认证的就是吉利汽车抖音企业号，认证信息是浙江吉利汽车销售有限公司。单击吉利汽车进入其主页，如图4-5-8a所示。

主页最上面是吉利ICON动态宣传视频，右上角的省略号有分享、发私信、举报、拉黑和取消等功能。

宣传视频的下方是吉利汽车抖音号的头像，为吉利汽车logo和2022杭州亚运会的图标，其右侧有关注和私信按钮。在用户名称"吉利汽车"右侧，有汽车品牌榜的排名，当前排名20[一]。点开后可以查看汽车品牌热DOU榜，如图4-5-8b所示。

主页的中部开始是吉利汽车的介绍，一句话"让世界充满吉利"。在其下面有自定义的"新品上线"链接，点开进去后有吉利ICON的详细介绍。在其右边又自定义了吉利汽车的客服电话呼出组件，点击后可以直接跳转到手机拨号界面并填好了电话号码。

接下来最醒目的就是获赞、关注和粉丝数据。"获赞"是指吉利汽车发布的所有视频共获得1588.4万个赞；"关注"指吉利汽车共关注7个抖音账号；"粉丝"指吉利汽车现有88.9万粉丝量。

在主页的中下部，显示由吉利汽车发起的话题，有#lets爱康、#魅力全开、#花式躺赢等，向左侧滑动可以查看更多。

在主页的下方有四大部分，分别是商家、作品、动态和喜欢。

其中"作品"是默认出现在主页的，在这里可以看到其作品集"众志成城 抗击疫情"，单击进入后可以观看并收藏这个作品集。在作品集的下部，呈方块展示的是吉利汽车发布的

[一] 数据时间：2020年4月22日。此排名是根据视频发布量、播放量和互动量，通过大数据算法加权计算得到的，榜单每周一发布。

所有视频，每个视频上都有点赞的数量显示。除了置顶视频，其他视频按照时间顺序显示，时间最近的在最上面显示。

"商家"展示的是吉利汽车主推的车型，包括店铺活动、服务产品、在线预订和店铺 POI，如图 4-5-8c 所示，其主要功能是接受预约预订。

a）吉利汽车主页　　　　　　b）汽车品牌榜　　　　　　c）"商家"界面

图 4-5-8　热门话题

"动态"相比"作品"，会展示视频发布的时间，而且随着用户的上滑，会自动播放当前视频。

"喜欢"展示的是吉利汽车点赞的作品，可以看到吉利汽车喜欢的视频。

实践操作

抖音账号注册与企业认证

1. 抖音账号注册

抖音账号的注册比较容易，打开抖音短视频后，单击右下角的"我"，进入注册界面，如图 4-5-9a 所示，首选手机号注册。输入手机号后，单击"获取短信验证码"，进入下一步，如图 4-5-9b 所示，输入验证码后单击"登录"即可。

如果不想用手机号登录，还可以选择其他方式登录，如图 4-5-9c 所示。这里抖音短视频提供了今日头条、QQ、微信、微博等登录方式，如果用户已经拥有了上述账号，可以直接单击其登录即可。如果想用抖音账号进行商业营销活动，需要绑定手机号码。

a）手机号码注册　　　　b）输入验证码　　　　c）其他方式登录

图 4-5-9　抖音账号注册

2. 账号设置

账号设置的步骤很简单，但非常有必要。

1）进入抖音短视频 App 后单击"我"，再单击"编辑资料"，如图 4-5-10 所示。其中头像、名字、抖音号和简介对于在抖音开展营销活动的企业和个人来说非常重要，需要填写与自身适合的信息，方便用户查看。

2）对于企业用户来说，在"我"的上面显示的是"编辑企业资料"，里面多了一个重要的功能"联系方式"，在这里可以设置要展示的联系电话、主页链接、门店、小程序等。

3. 企业认证

抖音企业认证可以使用 App 认证，也可以使用网页进行认证。下面以抖音

图 4-5-10　抖音账号设置

App 认证为例，介绍企业认证的流程。

1）进入抖音短视频 App 后单击"我"，如图 4-5-11 所示，再单击右上角的三个横杠，然后进入"创业者服务中心"，再单击"官方认证"。这里不要点"免费开企业号"，免费的没有蓝 V 标志，很多功能不能用。

图 4-5-11　企业认证步骤一

2）进入官方认证界面后，单击"企业认证"，再单击"开始认证"，如图 4-5-12 所示，进入下一步。认证审核服务费一般是 600 元 / 次，在限时推广期间可能免收此费用。

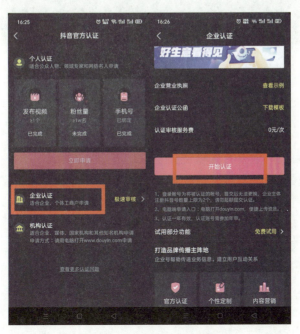

图 4-5-12　企业认证步骤二

3）进入填写资料步骤，如图4-5-13所示，依次选择主体类型和行业分类，注意有的行业选择后，下面会多出"特殊行业资质"上传项目，如教育行业需要上传《办学许可证》。

上传企业营业执照、认证申请公函和其他资质，然后填写用户名称、运营者姓名、运营者电话号码、验证码、运营者邮箱，如果有需要，填写与发票相关的信息。最后单击同意遵守协议，再单击"提交"即可完成申请，等待审核。

图4-5-13　企业认证步骤三

单元小结

1. 国内流行的视频平台主要有优酷视频、爱奇艺、腾讯视频、搜狐视频、芒果TV、抖音、快手、微视、秒拍、美拍、虎牙直播、斗鱼直播、YY、花椒直播、一直播、西瓜视频和B站等。

2. 抖音短视频营销的特点：智能推荐内容、用户量庞大、传播迅速、覆盖范围广、互动性强、营销简单、成本低。

3. 视频平台主要营销模式有贴片广告、启动屏广告、信息流广告、视频植入、产品功能展示、企业文化宣传视频、生产过程视频、新品发布、企业宣传、网红代销、咨询答疑、购买链接、POI链接和小程序链接。

4. 抖音运营技巧：发布时间和频率、视频时长选择、持续维护与互动、打造品牌标签、借助热门话题、利用"DOU+"上热门。

学习情境五
汽车网络营销综合技能

学习目标

- 能进行汽车网络营销战略分析
- 能进行汽车网络营销策划方案设计

学习单元一
汽车网络营销战略分析

情境导入

假设你是某汽车厂家的工作人员,公司高层领导最近制定了一个关于汽车网络营销的战略规划,请问你了解企业的战略规划吗?能否分析自己企业的战略并与其他企业的战略进行对比?

学习目标

1. 能分析战略与策略的异同。
2. 能分析汽车企业常用的营销战略。
3. 能分析常见汽车网络营销战略。
4. 能分析顾客满意战略在汽车营销领域中的应用。
5. 能分析吸粉战略与粉丝转化策略。

理论知识

一、汽车网络营销战略

战略,是一种从全局考虑谋划实现全局目标的规划,是一种长远的规划。策略,指计策,谋略。企业战略(企业整体性规划)是指企业为求得生存和稳定发展而设计的行动纲领或方案,它涉及与企业生存和发展有关的全局性、方向性、长远性和根本性的问题。

营销战略是企业战略的重点,是对企业市场营销工作做出的全局性、长期性和方向性的谋划,从而实现企业目标、资源能力和经营环境三者之间的动态平衡。

网络营销战略是以互联网为基础,利用数字化信息和网络媒体交互性来辅助营销目标实现的一种新型市场营销方式,是企业科技战略与营销战略的整合。汽车网络营销战略是汽车企业营销战略的一部分。

网络营销策略是企业根据自身在市场中所处地位的不同而采取的一些网络营销组合，它包括网页策略、产品策略、价格策略、促销策略、渠道策略和顾客服务策略。

二、汽车企业常用的几种营销战略

1. 全面领先战略

全面领先战略是企业生产多种产品，满足各种顾客群体的不同需求，提高顾客对企业的信任度，增加销量，提高企业利润率的战略。

全面领先战略是面向市场上的所有竞争者，适合于实力雄厚的大企业，如通用汽车、丰田汽车在全球汽车市场上均采取的是全面领先战略。丰田汽车部分车型如图 5-1-1 所示。

广汽丰田	轿车：	YARiS L 致享 YARiS L 致炫 雷凌 雷凌双擎E+ 凯美瑞
		雅力士（停售）
	SUV：	丰田C-HR 丰田C-HR EV 威兰达 汉兰达
	MPV：	逸致（停售）
一汽丰田	轿车：	威驰 威驰FS 卡罗拉 卡罗拉双擎E+ 亚洲龙 皇冠 花冠（停售）
		普锐斯（停售） 锐志（停售）
	SUV：	奕泽E进擎 奕泽IZOA RAV4荣放 普拉多 特锐（停售）
		兰德酷路泽（停售）
	轻客：	柯斯达
丰田（进口）	MPV：	埃尔法 威尔法 Sienna 普瑞维亚（停售）
	跑车：	丰田86 杰路驰（停售）
	轻客：	HIACE
	轿车：	凯美瑞（海外）
	SUV：	丰田RAV4（进口） Fortuner 汉兰达（进口） 威飒 兰德酷路泽（进口）
		普拉多（进口） 红杉 FJ 酷路泽（停售）
	皮卡：	坦途

图 5-1-1 丰田汽车部分车型

2. 集中化战略

集中化战略又叫目标聚集战略或聚焦战略，是指企业的实力不足以在行业内进行更广泛的竞争，而将经营重点集中在某一细分市场（特定的顾客群体、产品系列或特定的地区市场）的战略。

国内自主品牌汽车的代表长城汽车就把"坚持聚焦，做精品类"作为主要战略方针，聚焦 SUV，集中资源和精力布局 SUV 细分市场，成功将哈弗 SUV 系列打造成为 SUV 细分市场的龙头产品。哈弗品牌旗下主打车型——哈弗 H6 如图 5-1-2 所示。

图 5-1-2 哈弗 H6 2021 款

3. 差异化战略

差异化战略是指企业在产品的性能、质量、功能、外观、内饰、配置、包装、经济性、售后服务等一个或某几个方面创造与众不同的，且优于竞争者的特色，从而形成竞争优势，增强竞争力的竞争模式。

汽车产品的差异主要指汽车的内在差异和外在差异,汽车的内在差异主要由发动机、底盘、电气控制等基本部分组成,汽车的外在差异主要有汽车的外形、颜色、配置等。

除了以上竞争制胜的战略以外,对于一些小的汽车企业或大企业的新业务部门来说,由于不具备较强的实力,往往不可能与别的大企业直接竞争,而小企业间又构不成竞争,那么就可以采取跟随战略或补缺战略等其他战略。

企业在制定营销战略时,必须考虑到企业的实力、产品的差异性及所处生命周期阶段、市场的差异和规模、竞争对手的经营战略等因素对目标市场营销战略制定的影响,以自身优势制定营销战略。

三、常见汽车网络营销战略分析

1. 顾客满意战略

顾客满意战略是一种以顾客为中心,以满足顾客需求,使顾客满意为目的的营销战略,英文 Customer Satisfaction 缩写为 CS,中文的意思是"顾客满意"。

现代营销学之父菲利普·科特勒认为,顾客满意主要指顾客通过对产品的可感知效果和他的期望值相互比较之后,所形成的愉悦或者失望的感觉状态。

顾客满意的表达式:顾客满意 = 可感知效果 / 期望值。

顾客满意是关于可感知效果和期望值的函数。当可感知效果 / 期望值 < 1 时,顾客不满意;当可感知效果 / 期望值 =1 时,顾客满意;当可感知效果 / 期望值 > 1 时,顾客非常满意。

网络营销最常见的顾客满意与否的调查方法是用户的评论与评分,网站与网店在销售企业的产品与服务时,都会在用户确认收货后有相应的评价提示。用户的评价与评分不仅为其他用户的购买提供参考,也是企业改进产品与服务的参考,是顾客满意与否的集中体现。

汽车企业要实现顾客满意主要有三个重要因素:第一是顾客对汽车产品的期望;第二是汽车产品的实际表现;第三是汽车产品表现与顾客期望的比较。

顾客满意在汽车营销领域中的应用主要表现为在产品结构上使顾客满意、在产品质量上使顾客满意、在销售方式与销售过程中使顾客满意。

2. 低成本战略

低成本战略又称成本领先战略,是指致力于控制和降低成本,力求使企业的成本低于竞争者,以成本优势获得竞争优势的竞争战略。低成本战略要求企业建立起能达到有效规模的生产设施,全力以赴降低成本,严格控制管理费用,最大限度地减少推销、广告、研发、服务等方面的成本费用。

传统的实施低成本战略主要从扩大生产规模,增加产量;做好供应链管理;采用新技术、新材料、新工艺;提高劳动生产率和材料利用率等途径来实现。现在采用的网络营销也是企业降低成本的重要手段,网络营销的优势之一就是降低成本。以前汽车广告主要依靠报纸、杂志和电视,现在看报纸、杂志和电视的人越来越少,而刷微博、头条和抖音的人越来越多。

网络广告与传统的报纸广告相比,成本只有其大约二十分之一,报纸广告表现形式单一,网络媒体则通过三维展示、电子地图、语音解说等多媒体技术向购车者展示汽车的所有信息，信息量大而翔实，不受时空限制，让购车者的选购有更大的自主性。典型的汽车网络广告如图 5-1-3 所示。

a）微博平台广告　　　　b）微信平台广告　　　　c）抖音平台广告

图 5-1-3　汽车网络广告

但也要注意，过度追求低成本可能会导致产品质量下降，当同行企业都采用各种措施使成本最小化达到或接近极限时，低成本战略就失去了实用的意义。

3. 吸粉战略

"粉丝"是由一个英语单词"fans"音译的网络语言，原来的"粉丝"被称为追星族，但现在的含义更为广泛，指的是某人或者某物的爱好者、支持者和关注者。"粉丝"本质上是对某一人或物产生热爱甚至疯狂追捧的群体。

粉丝营销（Fans marketing）是一种网络营销方式，是指企业利用优秀的产品或企业知名度拉拢庞大的消费者群体作为粉丝，利用粉丝相互传导的方式，达到营销目的的营销模式。

吸粉，简单来说，就是增加粉丝数量，即加人。但是加人也分两种情况：一种是主动加别人，简称加粉；另一种是别人主动加你，简称吸粉。吸粉战略是企业在各个平台搭建好自己的官方账号，开展企业及产品宣传，利用其增加粉丝，并进行粉丝营销活动的营销战略。

随着移动互联网的发展，"粉丝经济"迅速走红。"粉丝经济"是以情绪资本为核心，以粉丝社区为营销手段增值情绪资本的一种经济模式。"粉丝经济"的出现对传统的商业模式产生了巨大的冲击，无论是年轻人还是老年人，他们都可以成为粉丝。

汽车企业在各个平台上的账号除了发布企业及其产品信息，还可以很好地与粉丝互动，服务于企业的客户和潜在客户，加强与顾客的联系，从而增加顾客忠诚度，留住顾客，提高公司的销售量。对于企业产品的设计，也可以通过问卷的形式使粉丝参与进来，粉丝的意见和评头论足是企业设计和改进产品的重要参考依据。

粉丝转化策略：

（1）利用多种平台建立粉丝群

企业要善于利用微博、微信、抖音等社交与新媒体平台，将图片、文字、视频等形象生动的宣传内容进行推广，增加和用户的互动交流，如果和粉丝的交流越来越频繁，那么势必会提高用户的黏性。企业可以通过组织一些具有创意且有奖励回报的活动，积极用行业优势、品牌合作方及品牌代言人等，来进一步扩大企业的知名度，吸引并培养众多的"粉丝"，并最终凝聚忠实粉丝群。例如，荣威汽车的微博、微信和抖音公众号如图 5-1-4 所示。

图 5-1-4　荣威汽车的微博、微信和抖音公众号

（2）维持粉丝存量的活跃度

粉丝营销的前提是要保持并不断提高粉丝存量的活跃度，要抓住粉丝的兴趣点，不断创造有价值的信息，了解粉丝想要看的是什么。另外，企业还要积极构建商业信息话题来引导讨论，这里面需要注意的是要精心设计与企业有关的具有价值的信息话题，为粉丝提供各种创造、参与甚至分享的平台，可以使用一些激励措施来刺激粉丝分享和转发，以此实现与粉丝的情感互动。

（3）培养忠诚的客户

制订计划，培养忠诚客户，当粉丝成为忠诚客户后，还可以带来众多的回头客。可以向粉丝提供只有会员才享有的购物预告、打折信息、重要的行业内部消息，或者只对公司最好的客户才提供的产品与服务。再次购买的话要给他们打折、送礼物或者其他的奖励措施。在公司的产品或服务与客户之间建立感情联系，公司的产品就会成为他们心中的名牌。

典型案例

比亚迪汽车的网络营销战略

比亚迪汽车在网络营销方面的战略举措包括使用微博、微信、抖音、官方网站等多种平台开展营销及品牌宣传活动。

1. 微博

比亚迪汽车的微博账号昵称为"比亚迪汽车"，由于微博具有即时性的特点，所以在任何时候都可以很方便地发布企业产品及品牌活动的信息，结合文字、图片、视频、调查等，如图 5-1-5 所示，宣传企业产品的优点、企业新闻和抽奖活动的信息。

a）产品优点宣传　　b）企业新闻发布　　c）粉丝抽奖活动

图 5-1-5　比亚迪汽车微博平台

2. 微信

比亚迪汽车的微信公众号昵称为"比亚迪汽车",属于订阅号类型,可以每天给订阅关注用户推送一条信息,另外在导航栏还可以查询车型信息、了解品牌文化和预约试驾等,如图5-1-6所示。

3. 抖音

比亚迪汽车的抖音官方账号是"比亚迪汽车",抖音可以给用户更好的视觉冲击,也可以更好地实现产品的功能展示,在主页的官网链接还可以提供车型查询和咨询试驾等功能,如图5-1-7所示。

a）每日信息推送　　b）车型查询　　　　　a）主页官网链接　　b）功能展示

图5-1-6　比亚迪汽车微信平台　　　　　图5-1-7　比亚迪汽车抖音平台

4. 官方网站

比亚迪汽车官方网站（http：//www.bydauto.com.cn/）提供比亚迪汽车最权威和最全面的车辆信息和企业信息,用户可以在此查看比亚迪所有车型并且接受咨询、预约试驾和在线购车。并定期开展各种活动,提供全国的经销商查询,还有企业招聘信息和经销商的加盟信息。

此外,常见的汽车网络营销活动还有其他热门手机App（如今日头条、UC浏览器、QQ浏览器、百度等）上的启动屏广告和信息流广告。

实践操作

汽车网络与新媒体营销调研

1. 实践目的

通过网络查询相关资料,了解当前汽车企业都采用了哪些网络及新媒体营销的方式。

2. 实践操作步骤

1）调查上月国内汽车销量TOP100的车型，每位同学分配具体车型调查。

2）通过PC及手机查询相关车型的网络及新媒体营销方式，并填写调研表，见表5-1-1。

表 5-1-1　汽车网络与新媒体营销调研表

汽车网络与新媒体营销调研			
姓名		学号		专业	
车型		品牌	
网络与新媒体营销方式	举例（电子版资料：时间、文字、图片、视频等）		
1	
2	
3	
……	

3）上交调研表并分享各位同学的调查资料。

单元小结

1. 企业战略（企业整体性规划）是指企业为求得生存和稳定发展而设计的行动纲领或方案，它涉及与企业生存和发展有关的全局性、方向性、长远性和根本性的问题。

2. 汽车企业常用的几种营销战略：全面领先战略、集中化战略、差异化战略、跟随战略和补缺战略等。

3. 常见的汽车网络营销战略：顾客满意战略、低成本战略、吸粉战略。

4. 顾客满意战略在汽车营销领域中的应用主要表现为在产品结构上使顾客满意、在产品质量上使顾客满意、在销售方式与销售过程中使顾客满意。

5. 粉丝转化策略：利用多种平台建立粉丝群、保持粉丝存量的活跃度、培养忠诚的客户。

学习单元二
汽车网络营销策划方案设计

情境导入

假设你是某 4S 店的工作人员，部门领导分配给你一项新任务，对公司主销车型荣威 i5 进行营销策划方案设计，请问你知道汽车营销策划方案的步骤吗？你知道如何进行营销活动的网络宣传吗？

学习目标

1. 能够进行汽车营销策划的市场调研分析。
2. 能够制定营销策划目标。
3. 能使用网络与新媒体工具进行相关活动的宣传。
4. 能够制定汽车营销活动策划实施方案。
5. 能够进行汽车营销活动策划的费用预算分析。

理论知识

一、汽车网络营销策划

策划，指积极主动地想办法，定计划。它是个人、企业、组织结构为了达到一定的目的，在充分调查市场环境及相关联的环境的基础之上，遵循一定的方法或者规则，对未来即将发生的事情进行系统、周密、科学的预测并制订科学的、可行的方案。

汽车营销策划就是策划人员围绕汽车企业目标，根据汽车企业现有的资源状况，在充分调查、分析汽车市场营销环境的基础上，激发创意，制定汽车企业具体市场营销目标和确定可能实现的解决问题的一套策略规划的活动过程。

汽车网络营销策划是指借助于互联网和移动互联网平台进行的汽车营销策划活动。

二、汽车营销策划的流程

典型的 4S 店汽车营销策划（商品策划）一般流程如下。

1. 市场调研分析
（1）策划背景
分析当前整体汽车营销环境、近一年汽车销量情况、当前 4S 店状况、近一年当前 4S 店销售情况、市场的需求状况和目标营销车型销售情况等。
（2）产品分析
分析目标车型的产品特征、产品定位等。
（3）目标客户群分析
客户群的基本要素分析、价值观分析、购车行为分析等。
（4）竞品分析
分析主要竞争车型并进行对比（可用图表对比）。
（5）SWOT 分析
对目标车型的销售进行 SWOT 分析，从而制定相应的营销策划方案。

2. 营销策划目标
包括营销目标、服务目标、品牌目标等，还可以设置预期具体目标。

3. 活动营销策略
1）宣传策略。
2）促销策略。

4. 活动策划实施方案
1）活动时间整体规划。
2）活动地点。
3）活动宣传与邀约客户。
4）人员安排。
5）物料准备。
6）活动流程。
7）紧急预案。
8）后期跟进。

5. 费用预算
详细列支整个活动的各项预算费用。

6. 总结反思
对执行效果进行评估和评价，通过评估评价，找出策略和方案中的问题，研究修改策略和方案。

典型案例

一汽大众某汽车销售服务有限公司汽车营销策划

1. 市场调研分析

市场调研是为了准确地寻找产品空间，定位目标客户群体，采取适合的营销策略。本次市场调研采用线上线下相结合的方式。

线上数据收集：通过问卷星设计调研问卷，并通过问卷星收集和分析数据。

线下数据分析：市场部印发调研问卷，并派发市场部工作人员深入某市高新区各个企业和小区，采取抽样的方式收集数据并分析。

（1）策划背景

一汽大众某汽车销售服务有限公司是一汽大众特许经销商，成立于2013年，是开发区唯一一家一汽大众4S店，经营成果显著，在当地深受广大用户信赖，销量稳步提升。

为转变当下的销售颓势，一汽大众某4S店秉承"严谨就是关爱"的核心理念，以安全、舒适为最大卖点，以完美的售后服务作为产品的附加价值，以国际家庭日为契机，开展以家庭为主题的一汽大众迈腾车型的系列促销活动。

（2）迈腾产品分析

1）产品特征。新颖，优雅，完美的设计，彰显身份与风度，同级别最具创新的典范，拥有众多前瞻性及先进的特征，上乘及高等级的内饰设计及后排舒适度。

2）产品个性。基于全球领先的大众MQB平台打造，全新一代迈腾创造了多个B级车之最，同级别最美设计、最长轴距、最豪配置。

3）产品定位。现代、创新、豪华的德系中高级轿车。

（3）目标客户群分析

组成家庭的成员性质不同，对汽车的需求也不相同，对汽车座椅等方面就会有不同的要求。在年龄结构上车主年龄年轻化，80、90后人群购车目的是结婚需求，70、80后对汽车的安全要求较高，购车目的是上班需求，而60后愿意为低调奢华版汽车买单。

通过调研问卷分析，全新一代迈腾的目标人群属于中等社会阶层，30~55岁的人群，热情、外向但不张扬，多数为考虑周全的中层管理人员或精英，处于个人事业的上升阶段，有较强的经济能力。

（4）竞品分析

1）主要竞争对手情况。大众迈腾的竞争对手很多，包括但不限于以下车型。帕萨特领驭、君威、天籁、凯美瑞、雅阁。其中日产天籁为主要竞争对手。

2）与竞争对手的比较。

①外观方面。东风日产天籁自改款换代之后，更强调的是一种柔美的风格，车身更多采用曲线设计，更为紧凑，大气饱满。迈腾则在延续了前代车型设计轮廓的同时又加入了很多

前卫的设计理念，迎合了大众全新的家族设计理念，具有典型的商务范儿，成熟中带有动感的味道。

② 内饰方面。天籁更侧重桃木元素的使用，带来更多舒适感觉；迈腾的内饰属于典型的大众风格，银色装饰板使得科技感十足，整体感觉依旧稳重、传统。

③ 配置。天籁全系车型标配了天窗、定速巡航、驾驶席多方向电动调节、自动空调、多功能转向盘等。迈腾的科技含量则更多应用在了驾驶方面，如行驶稳定辅助系统、疲劳识别，可使开车的时候更加稳妥。

（5）SWOT分析

通过对一汽大众迈腾营销进行SWOT（优势、劣势、机会与威胁）分析，有助于做出正确的市场营销策略。

1）优势（Strengths）。大众品牌历史悠久，高品质德系轿车，大众车保值率高，基盘客户多，尊崇服务。

2）劣势（Weaknesses）。同级别竞争激烈、市场份额下降。车辆外形单一、性能有待改进。配件价格高，保养费用贵。

3）机会（Opportunities）。强大的基盘客户，有利于推广客户再营销。随着国内汽车消费的升级，中高级轿车市场需求逐步提升。公车改革政策落实，迈腾汽车沉稳大气，符合公务员群体的身份及品位。

4）威胁（Threats）。日系对手的强烈竞争，高油价的威胁，部分城市推出的"摇号限行"政策。

2. 营销策划目标

1）通过对目标客户以及老客户的前期宣传、免费礼品赠送，吸引其到店，利用"到店有礼"达到服务老客户，吸引新客户的效果，提高展厅集客量。

2）全程媒体跟进，网络图文和视频报道，制造新闻热点，扩大品牌影响力。

3）"新品共享"团购优惠活动，通过实实在在的优惠，提升客户满意度。

4）预期活动目标：展厅集客量400名，收集客户信息300条，维护客户信息100条，成交量30台。

3. 活动营销策略

本次活动以体验式营销方式为主，采用O2O互动式宣传策略，同时结合广告宣传策略和公共关系宣传策略。首先搭建网络宣传平台，以网络宣传为主，与此同时做好传统宣传准备，在不同的时间段采用不同的宣传策略。

（1）宣传策略

线上宣传的主要途径有网站宣传、微博宣传、微信宣传、视频宣传和其他App平台在线广告投放等，如图5-2-1所示。

1）网站宣传。汽车企业官方网站有最权威的汽车信息，消费者也可以查到附近经销商的位置和联系方式。汽车垂直网站是消费者购车前经常访问的网站，经销商可以在这里投放自己的地址、电话和预约试驾信息及其他活动信息。

图 5-2-1　线上宣传主要途径

2）微博宣传。微博最大的特点是传播速度快，传播范围广，可以利用微博曝光企业品牌及其产品，除了可以发布自己的产品介绍和活动通告外，还可以发布汽车保养知识、生活贴士、心情感悟等，从而提升品牌影响力。另外，微博还是一个开放交流互动的社区，利用微博便于了解用户，维系用户，获得用户反馈。

3）微信宣传。汽车企业可以利用汽车展销会和其他活动的机会通过"扫一扫"添加 4S 店的微信号，利用"关注有礼"等方式让更多消费者关注和了解 4S 店的信息。基于精准的粉丝定位，企业公众号可以每天推送汽车新闻、行情、车型、优惠、车展、车友社区等专业汽车资讯，特别是要及时发布 4S 店近期即将举办的各种促销活动。

4）视频宣传。视频相比文字和图片而言，在表达上更为直观高效。使用当下火热的短视频可以更好地进行产品功能展示，宣传企业文化，还可以带领粉丝观看产品的生产过程。随着各平台直播业务的推出，企业进行网上新品发布更方便，直播还可以带领粉丝观看车辆细节，时时进行咨询答疑，用户很乐意接受短视频平台的优惠券和抢红包活动。

5）在线广告投放。对于 PC 端，可利用搜索引擎关键词广告和其他网页内容定位广告，还可利用门户网站和汽车垂直领域网站进行广告投放。对于移动端，要对接热门 App 的营销部门，投放启动屏广告和信息流广告。

对于线下宣传而言，主要采用在 4S 店（或闹市区）大屏幕上滚动播放迈腾广告，以扩大品牌影响。组织公益活动，通过活动拉近消费者之间的距离，已购车主与有意向购买消费者沟通，口碑营销能够提高迈腾在公众心目中的形象，以获得公众的好感。送保养与客户建立长期友好的关系。印发活动宣传海报。

（2）促销策略

汽车促销方式包括人员促销、广告宣传促销、汽车营业推广、公共关系促销等。要以 PC 上的浏览器和手机上的各种 App 为基础，采用各种广告宣传方式开展汽车促销，并采取对消费者的营业推广策略。

营业推广也称销售促进,是一种直接的短期诱导性促销方式。对消费者的营业推广包括有奖销售(购车抽奖砸金蛋等活动),赠送消费卡、代金券、装饰礼包,提供优质服务(如购车延保,定期免费服务等),分期付款及汽车租赁,价格折扣和价格保证(定期、团购折扣等),以旧换新等。

4. 活动策划实施方案

(1)活动时间整体规划

为使活动达到预期效果,市场部应将活动时间及具体内容进行规划排期,具体安排见表5-2-1。

表 5-2-1 活动时间整体安排

活动时间	活动阶段	活动内容
4.5—4.20	计划期	市场调研分析,制定活动目的和计划
4.21—5.14	预热期	线上线下宣传,邀约顾客
5.15	活动期	"品鉴迈腾·与家同行"品鉴活动
5.16—5.31	持续期	客户跟进,绩效考核,持续提升效率,明确努力方向

在活动的预热期和活动期,主要涉及三个活动,详情见表5-2-2。

表 5-2-2 三个系列活动详情

活动时间	活动项目	活动内容
4.21	"相约迈腾·畅游花海"家庭日巡游活动	通过邀约新老客户,结合当地杜鹃花期,开展家庭赏花日活动。活动以老客户、试驾车巡展的方式,为后续活动造势,同时通过活动中新老客户的交流,激发新客户购车意愿
4.21—5.14	"家有迈腾·幸福相伴"儿童绘画线上评选活动	新老客户通过儿童绘画的形式,描述迈腾对家庭生活带来的便利、安全等积极影响,体现迈腾家用的优越性。作品上传至微信公众号,通过集赞评比兑换精美礼品或购车款
5.15	"品质迈腾·与家同行"现场品鉴活动	通过店头活动中的竞技体验、行李舱装水等环节,对目标群体关注的操控性、空间、安全性等方面进行体验、互动,激发顾客的购车欲望,促使最终成交

(2)活动地点

某汽车销售服务有限公司5月15日现场品鉴活动场地布置如图5-2-2所示,打印并张贴在入口处。

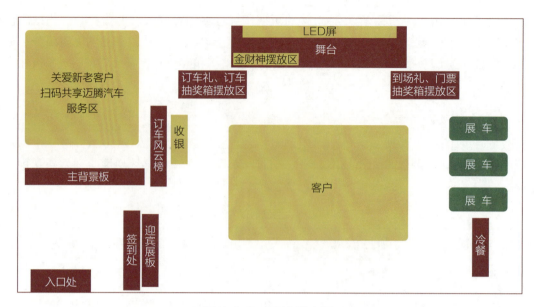

图 5-2-2　活动场地布置

（3）活动宣传与邀约客户

充分利用线上媒体和线下活动的相互配合，共同对本次系列活动进行传播推广。

宣传内容：

惊喜一：进店有礼，精美水杯大派送。

惊喜二：一元爱心大抽奖。

惊喜三：点钞大赛，点多少，减多少。

惊喜四：晒美照、免费洗车卡一张。

1）线上宣传。整体宣传活动优先通过汽车之家和易车网汽车垂直网站、4S店微信公众号、微博平台、抖音平台、App启动屏广告和信息流广告、当地电台广播等网络新媒体扩大传播范围和影响力，为本次品鉴会的"迈腾巡展""迈腾竞技"项目造势。

例如，在4月21日至5月14日期间，选择汽车之家长春站、易车网长春站两大汽车垂直网站和新浪、网易新闻网长春站进行主题为"家有迈腾·幸福相伴"的广告宣传，前期暂时不透露优惠内容。同时，点开广告页面，填写联系方式，可预约迈腾试驾。

2）线下宣传。线下宣传要结合线上，通过店面宣传、巡展宣传、社区广告、户外广告、公交站牌、楼梯间广告的形式传播活动信息。

例如，在4月21日至5月14日期间，在4S店门口和展厅内显著位置摆放"品质迈腾·与家同行"活动易拉宝，在4S店外幕墙上张贴大型宣传海报，展厅内天花板悬挂宣传挂旗、广场悬挂宣传旗帜。

3）客户邀约。

① 线上线下宣传邀约。通过线上线下宣传进行邀约，整体大范围宣传"品质迈腾·与家同行"活动优惠信息，邀约意向客户参加（提前25天）。

② 电话邀约。告知重点意向客户"品质迈腾·与家同行"活动优惠信息，邀约参加（提前3天）。

③ 短信邀约。告知重点意向客户"品质迈腾·与家同行"活动优惠信息，邀约参加（提前3天）。

④ 展厅客户邀约。告知展厅看车客户"品质迈腾·与家同行"活动优惠信息，邀约参加。

（4）人员安排

需要汽车服务有限公司各部门协同合作，包括市场部、行政部、客服部、销售部、售后部等，主要人员安排见表5-2-3。

表5-2-3 人员安排表

职 务	人 数	备 注
媒体记者	4名	记录活动内容、后续报道
4S店销售顾问	10名	经过专业培训，现场促成订单，提高销量
模特	4名	车辆展示、活跃气氛
礼仪	6名	负责签到、抽奖
服务人员	2名	酒水、冷餐
主持人	1名	调动活动积极性、执行活动流程
现场辅助人员	5名	现场活动辅助
舞蹈演员	3名	活动中表演

（5）物料准备

活动物料准备清单见表5-2-4。

表5-2-4 活动物料准备清单

项 目	要 求	备 注
展车装饰	防护用品（五件套等），气球彩带	装饰力求简单大方
展车摆放	选用目标车型	迈腾3辆
物料准备	主背景墙	凸显活动主题
	拱门、横幅	吸引顾客
	易拉宝	团购优惠说明
	游戏道具	100元专用点钞币
音响设备	公司音响调试好	
座椅安排	准备椅子100把，排列合理	摆放有序
签约桌	签约文件齐全	
酒水、冷餐	红酒、无酒精鸡尾酒，茶点	足量供应
照相机	给购车客户拍照	专人负责
抽奖箱	抽奖号码	专人负责
购车英雄榜	张贴购车人照片	专人负责
礼品	水杯、洗车卡	充足

（6）活动流程

5月15日，"品质迈腾·与家同行"现场品鉴活动流程见表5-2-5。

表 5-2-5　现场品鉴活动流程

序号	时间	流程	内容
1	14:00—14:30	签到	精美水杯派送，一元爱心抽奖活动
2	14:30—14:35	主持人开场，介绍活动内容，微信互动	活动开始，渲染氛围，介绍此次活动概况，活动期间半小时发放一次红包
3	14:35—14:40	4S店领导致辞	表示欢迎
4	14:40—15:00	大屏幕播放迈腾相关资料，冷餐酒水自由享用	销售人员穿插，陪同客户赏车
5	15:00—15:20	车模展车，舞蹈表演	活跃店内气氛
6	15:20—17:30	团购开始	主持人推动气氛，播报购车人姓名，购车款型，团购价格
7	17:30—17:45	点钞大赛	购车用户可以参与比赛
8	17:15—18:00	拍照留念	转发朋友圈换取洗车卡
9	18:00	活动结束	

（7）紧急预案

现场紧急情况应对预案见表 5-2-6。

表 5-2-6　紧急情况应对预案

紧急状况	可能原因	解决办法
打架闹事	秩序混乱	好言相劝、通知保安、报警
生病受伤	不明	通知医护人员及现场负责人员
舞台垮塌	意外	立即停止活动、拍照、通知负责人
奖品数量	堆积/不足	立即补充/停止发放
人员拥挤	外伤	疏通、包扎伤口

（8）后期跟进

活动后期通过网络（微博、微信、抖音）、电台等渠道进行活动图文视频报道，扩大活动影响力。对活动期间收集到的客户信息进行整理分类，电话回访，持续跟踪。

5. 费用预算

本次活动涉及相关费用包括人员费用、场地布置费用、礼品费用和宣传费用，共计 26840 元，见表 5-2-7。

表 5-2-7　费用预算明细表（单位：元）

项目	明细	单价/元	数量	总价/元	备注
人员	主持人	800	1	800	活动结束结算费用
	车模	400	3	1200	活动结束结算费用
	舞蹈演员	300	3	900	3人2场，活动结束结算费用
	媒体记者	200	4	800	车马费，活动结束结算费用

（续）

项　目	明　细	单价/元	数　量	总价/元	备　注
场地布置	4S店内LED屏			0	3×4
	音响（租借）	300	1	300	
	背景板	200	1	200	2.42×4.84
	签到板	50	1	50	2.42×2.42
	订车风云榜	50	1	50	2.42×2.42
	冷餐			500	食品+水果+饮料+一次性纸杯
礼品	移动电源	60	3	180	
	行车记录仪	100	4	400	
	精美水杯	10	400	4000	
	红包墙	100	1	100	制作费用
	油卡	100	20	2000	
	玻璃清洗液	5	100	500	
	精美靠枕	10	20	200	
	香水盒	15	10	150	
宣传费用	门票制作	0.5	400	200	
	90.8电台			2000	口播，10次/天
	市内LED广告宣传	700	3	2100	30s/次，10次/天
	微信、微博、抖音平台			6000	软文推送加广告投放
	热门App广告			4000	启动屏广告加信息流广告
	条幅	7元/m	3	210	每条10m
合计				26840	

6. 总结反思

（1）成功之处

1）以国际家庭日为契机，以优惠新客户、回馈老客户为主题，通过重重大礼的诱惑及展厅布置，以及新的环境突出销售氛围等方式里外结合，使展厅人流量明显增加，产品成交率及定单量有所提升。

2）同期开展的回馈老客户活动也使客户进店保养数量增多，为持续保证老客户的到店率，提高关注度提供了有力支持。

3）有效提升购车用户对迈腾品牌的认可度，此方案有"品质迈腾·与家同行"现场品鉴活动，还有试驾和团购会，在关爱新客户的同时，回馈老客户，极大提高了迈腾的品牌知名度。

（2）不足之处

1）相对于绝大部分市场而言，接纳一种新的产品需要一定时间，所以考虑把提高品牌知名度作为一项长期目标工作来做。

2）活动策划实施方案和营销费用预算也需要经过缜密的思考。实施方案作为实现策略的途径，不仅需要市场营销部门，还需要其他部门如销售部、售后部等的配合。营销预算则需要分析经费的用处，估算各类项目的价格，并进行大量的计算，需要运用统计学的方法和理论。

3）团队的工作方式、宣传方面、管理、协调、前期规划以及长远目标等方面都有待提高。例如，在活动当天大家都觉得很辛苦，有些手忙脚乱，这就要求我们提前做好统筹规划，任何一个小的细节问题都需要时间和精力去摸索、探究。

（3）活动建议

对策划活动的领导者来说，能否让策划书中的各项措施落到实处，能否让策划者的意图得到真正的体现，将直接影响到策划活动的效果以及策划目标的实现。策划的实施阶段，也是对策划方案的检验阶段。策划的实施对整个策划活动来说，既重要又关键。策划者或具体的实施者都必须对策划的实施工作予以高度重视。

实践操作

汽车营销策划方案设计

为了复习、巩固和掌握前面所学内容，培养学生动手、动脑和创新能力，针对上汽荣威i5，设计一个"十一金秋·与国同庆"促销活动，学生分组进行汽车营销策划方案设计，以学习汽车营销策划的基本流程，充分利用网络及新媒体手段进行活动宣传。

将设计方案细化，学生分组，每位同学负责其中具体内容。完成后教师进行修改审核，择日开展营销方案展示PK大赛，老师及全班同学点评并打分，按总分最高评选出前三名，对一、二、三名进行不同的奖励。

单元小结

1. 汽车营销策划就是策划人员围绕汽车企业目标，根据汽车企业现有的资源状况，在充分调查、分析汽车市场营销环境的基础上，激发创意，制定汽车企业具体市场营销目标和确定可能实现的解决问题的一套策略规划的活动过程。

2. 汽车营销策划的流程：市场调研分析—营销策划目标—活动营销策略—活动策划实施方案—费用预算—总结反思。

3. 市场调研分析包括策划背景、产品分析、目标客户群分析、竞品分析、SWOT分析等。

4. 活动策划实施方案包括活动时间整体规划、活动地点、活动宣传与邀约客户、人员安排、物料准备、活动流程、紧急预案、后期跟进等。

参 考 文 献

[1] 李茜. 汽车市场营销与实务 [M]. 北京：电子工业出版社，2017.
[2] 魏振锋. 移动营销 [M]. 北京：高等教育出版社，2019.
[3] 谭贤. 新媒体营销与运营实战从入门到精通 [M]. 北京：人民邮电出版社，2017.
[4] 吴航行，李华. 短视频编辑与制作 [M]. 北京：人民邮电出版社，2019.
[5] 刘伟. H5 移动营销 [M]. 北京：清华大学出版社，2019.
[6] 李伟苑. 软文营销攻略 [M]. 北京：机械工业出版社，2016.
[7] 苏航. 软文写作与营销实战 [M]. 北京：人民邮电出版社，2020.
[8] 王颖. 网店视觉营销 [M]. 北京：中国铁道出版社，2018.
[9] 谭鸿键，刘德华，董媛. 网络营销 [M]. 镇江：江苏大学出版社，2016.
[10] 袁国宝. 抖音运营 [M]. 北京：中国经济出版社，2020.
[11] 谭静. 新网络营销与运营实战 108 招 [M]. 北京：人民邮电出版社，2019.
[12] 杨立君，苑玉凤. 汽车营销 [M]. 3 版. 北京：机械工业出版社，2019.
[13] 宋润生，韩承伟. 汽车营销基础与实务 [M]. 北京：机械工业出版社，2019.